KB219389

복음의전함

복음의전함

지은이 ǀ 고정민
초판 발행 ǀ 2021. 4. 21
4 쇄 발행 ǀ 2025. 3. 5
등록번호 ǀ 제1988-000080호
등록된 곳 ǀ 서울특별시 용산구 서빙고로 65길 38
발행처 ǀ 사단법인 두란노서원
영업부 ǀ 2078-3333   FAX ǀ 080-749-3705
출판부 ǀ 2078-3331

책값은 뒤표지에 있습니다.
ISBN 978-89-531-3961-9 03230

독자의 의견을 기다립니다.
tpress@duranno.com   www.duranno.com

ⓒ 이 출판물은 저작권법에 의해 보호를 받는 저작물이므로
무단 전재와 무단 복제, 무단 사용을 할 수 없습니다

두란노서원은 바울 사도가 3차 전도여행 때 에베소에서 성령 받은 제자들을 따로 세워 하나님의
말씀으로 양육하던 장소입니다. 사도행전 19장 8-20절의 정신에 따라 첫째 목회자를 돕는 사역과
평신도를 훈련시키는 사역, 둘째 세계선교(TIM)와 문서선교(단행본·잡지) 사역, 셋째 예수문화 및 경배
와 찬양 사역, 그리고 가정·상담 사역 등을 감당하고 있습니다. 1980년 12월 22일에 창립된 두란
노서원은 주님 오실 때까지 이 사역들을 계속할 것입니다.

복음의전함

전도에 미친
광고쟁이들의
도전

고정민
지음

두란노

목차

이 광고의 수익은
오직 구원입니다

"복음을 광고한다고요? 그럼 누가 광고주예요?"

"광고를 해서 얻는 게 뭐라고 생각하세요?"

"수익이 생기긴 합니까? 수익이 없는데 단체를 어떻게 운영해요?"

복음의전함이 설립된 후 가장 많이 받았던 질문이었다. 그리고 나의 대답은 언제나 같았다.

"이 광고의 수익은 '구원'입니다. 광고 한 편에 수억, 수천만 원이 든다 해도 한 영혼이 구원받는다면 눈에 보이지는 않지만 그것만큼 큰 수익은 없다고 생각합니다."

나는 복음에 빚진 자요 생명에 빚진 자이다. 이 큰 빚을 갚기 위해 살아가는 동안 뭔가 하긴 해야 하는데 뭘 해야 할지도 모르겠고, 할 수 있는 것도 없다고 생각했다. 그런데 돌아보니 내게 주신 달란트가 있었다. 광고, 마케터라는 달란트로 일상에서 예수님을 광고하겠다고 조그만 일들을 시작한 것은 내게 생명을 주신 그분께 드리는 나의 작은 순종이었다.

18년간 잘 운영되었던 광고회사에서 물러나 일간지에 첫 광고를 내던 날이 아직도 생생하다. 당시 주변 사람들의 반응은 너나없이 "미쳤다"는 말뿐이었다. 칭찬을 기대한 것은 아니었지만, 그래도 "미쳤다"는 말에는 마음이 흔들렸다. 따지고 보면, 국내는 물론 세계에서조차 대중매체를 통해 복음을 광고하려는 시도는 없었을 때였고 그마저도 비영리로 하겠다고 하니 주변 반응이 영 틀린 말은 아닌 것 같았다.

그럼에도 나는 2천년 전 나 한 사람을 살리기 위해 죽음까지 마다한 분을 알리는 것만큼 영광스러운 일은 없다고 생각했다. 예수님은 내 인생 가장 강력한 브랜드이자, 결코 놓치고 싶지 않은 광고주였다.

이 뒤에 이어지는 이야기들은 하나님께서 비영리 사단법인 복음의전함을 세우시고 그가 주인이신 이 단체를 통해 일하신 기적 같은 일들의 기록이다. 5대양 6대주 전 세계에서 가장 핫한 도시인 뉴욕의 타임스퀘어에서부터 우리나라 땅끝 마을 해남까지 하나님은 전 세계 6대주와 대한민국 방방곡곡을 누비시며 일하셨다. 그분은 결코 홀로 일하시지 않았다. 전 세계에 흩어져 있는 주님의 교회들과 대한민국 성도들과 함께 복음광고를 통해 복음을 전하게 하셨고 복음으로 온전히 연합하게 하셨다.

이 책을 통해 어떠한 상황에서도 복음은 멈춰지지 않는다는 것을 주님은 다시 한 번 말씀해 주셨다. 각 교회와 교단, 민족과 국가, 인종과 언어를 넘어 우리는 모두 오직 주 안에서 한 형제요 자매라는 것을, 그리고 지금도 하나님께서는 이 나라 대한민국을 진정으로 사랑하시고 사용하고 계시다는 것을 같은 마음으로 받았으면 하는 바람이다.

마지막으로, 코로나19로 모든 것이 멈춰 버린 것 같다고 여겨지는 순간에도 복음광고를 통해 예수님을 전하게 하시는 하나님께 모든 영광을 올려 드린다.

하나님의 심부름꾼 고정민

▶▶ '사랑한다면 눈을 감아 보세요' 지하철역 광고

사람을 바꾸는 복음 ,

Change

세상 사람들이 공감할 수 있는 언어로 복음광고
를 만들고 싶었습니다. 복음의전함 첫 번째 광고
를 통해, 사랑하는 사람을 위해 하나님께 기도하
는 것이 가장 강력한 보호이자 돌봄임을 말하고
싶었습니다. 저 역시 고정민이라는 한 사람의 기
도를 통해 예수님을 만났고, 예수님을 통해 회복
을 경험한 사람이었으니까요.

— 성기훈 대표 (㈜공감의기술)

나를
꿈꾸게 하시다

★ 동트는 지면

2015년 1월 27일 새벽 3시 30분. 문밖을 나섰다. 새벽 4시면 편의점에 도착하는 조간신문을 사기 위해서였다. 편의점 앞에 이르니 다시 가슴이 뛰었다. 나는 그날 자에 실릴 신문광고 한 편을 보려고 추위도 잊은 채 편의점 앞을 서성거렸다. 지난 세월 광고를 제작하느라 밤을 지새운 적은 있어도, 그날처럼 광고가 실린 매체를 보려고 새벽부터 집을 나선 적은 단 한 번도 없었다.

'어떻게 나왔을까? 잘 나왔겠지?'

이미 신문에 실릴 광고지를 수십 번은 들여다봤지만 이 광고만큼은 누구보다 먼저 보고 싶었다.

드디어 신문이 편의점에 도착했다. 신문을 사서 한 장 한 장을 넘기다 우리가 낸 전면 광고 한 편과 눈이 마주쳤다. 심장이 미친 듯이 두근거리고, 깊은 곳에서 울컥하는 마음이 올라왔다. 기업 이름만 이야기해도 모두가 고개를 끄덕일 만한 브랜드의 광고를 맡아 왔지만 이 광고만큼 나를 떨리게 한 건 없었다.

내 생애 최초의 '복음광고'였다. 20년 넘게 광고를 만들어 왔지만 예수님을 광고하는 건 처음이었다. 이 광고를 내기까지 머리를 떠나지 않던 수많은 질문들이 한순간에 정리됐다.

'나 같은 사람이 예수님을 전하는 복음광고를 만들 수 있을까? 내게 이 일을 할 자격과 능력이 있을까?'

두렵고 떨리는 마음으로 기도했던 순간들이 주마등처럼 지나가며 하나의 감정만이 남았다. 내게 이 일을 맡겨 주셔서 너무 감사하다는 그 마음 하나. 이 광고 한 편이 나오기까지 숱한 은혜를 베푸신 하나님께 감사기도가 절로 나오는 순간이었다.

평신도로 구성된 비영리 선교단체인 복음의전함에서 이 광고를 낸 것은, 하나님의 사랑을 어떻게든 전하고 싶어서였다. 나는 사랑이신 하나님을 믿으면서부터, 어떻게 하면 믿지 않는 사람들에게 그분을 알릴까를 고민했었다. 그 고민 끝에 택한 방법이 그간 몸담아 왔던 '광고'라는 분야를 통해 예수님을 알리는 것이었다.

첫 복음광고를 신문에 낸다고 하니 어떤 사람들은 반문했다. 이전에 비해 신문 수요가 현저히 줄고 다들 SNS에 집중하는 이 시기에, 기왕 수천만 원을 들여 광고할 거라면 지면보다 영상 매체를 택하는 게 낫지 않냐고.

그에 대해 일일이 답하진 못했지만, 나는 절실한 심정으로 신문광고를 택했다. 먼저 태어났다고 해서 하나님 나라에 먼저 가는 건 아니겠지만, 그래도 먼저 태어난 사람이 먼저 갈 확률이 높지 않은가. 그렇다면 SNS를 잘 모르는 어르신들을 대상으로 복음을 전하는 게 순서였다. 영혼 구원을 위해 복음광고를 시작한다면 첫 매체는 기성세대가 쉽게 접하는 신문이어야 했다.

이 광고가 나간 후, 여러 사람들로부터 피드백이 왔다. 그중에 어떤 분은 이 광고를 본 이후, 사랑하는 자녀가 잠든 모습을 보며 잘 알지 못하는 하나님께 기도란 걸 처음 해봤고, 나중에는 제 발로 교회까지 나가게 되었으며, 결국 예수 그리스도를 만났다는 소식을 전해 오셨다.

첫 광고가 실린 신문을 들고 집으로 향하다 보니 1월의 찬 날씨 덕에 입김이 절로 나왔다. 문득 청년 시절, 한 광고회사에 입사하던 때부터의 일들이 기억 속에 찾아들었다. 세상 사람들과 똑같이, 아니 어쩌면 그보다 더 세속적이던 청년을 하나님은 20년 전부터 애정 어린 눈길로 지켜보시며 이 일을 준비시키셨다는 생각에 눈시울이 붉어졌다. 나 같은 사람이 복음을 광고하기 위해 그날처럼 뛰어다니게 될 줄 그땐 어떻게 알았으랴?

복음의전함 첫 신문광고 '사랑한다면 눈을 감아 보세요'(2015. 1. 27 조선일보)

★ 마음이 열리려면

　　20여 년 전만 해도 대학생들의 최고 직업 선호군은 광고회사였다. 그중에서도 광고기획 쪽은 '꽃'이라 표현할 정도로 선망의 대상이었다.

　나이 스물일곱에 광고기획자로 첫 출근하던 날의 설렘은 클 수밖에 없었다. 하지만 무슨 이유에서인지 사장님은 나를 입사 첫날부터 인쇄소에 출근하게 했다. 넥타이를 매고 사무실 컴퓨터 앞에서 일할 거라 생각한 나의 기대와는 많이 달랐다.

　무더운 한여름, 인쇄기를 돌리는 기장분들은 양복을 쫙 빼입고 출근한 내게 눈길조차 주지 않았다. 하기야 인쇄소 밥만 30~40년 드신 분들이 아무것도 모르는 양복쟁이 젊은이에게 곁을 내줄 리 없었다.

　내 딴엔 머리를 굴리며 고민했다. 그분들에게 어떻게 다가가야 소통할 수 있을지를 놓고 여러 생각이 스쳤다. 다음날엔 재킷을 벗고 와이셔츠에 넥타이만 매고 갔다. 그래도 아무 메아리가 돌아오지 않았다.

　인쇄소 출근 셋째 날이 되자 나는 넥타이까지 벗어 재낀 채 평상복을 입고 음료수 한 박스를 사서 인쇄소에 갔다. 나를 대하는 그분들의 태도가 누그러진 건 그날부터였다. 이후 그분들로부터 코팅에서 제본에 이르기까지 인쇄물 제작 과정을 6개월에 걸쳐 배울 수 있었다.

아마도 하나님은 그때부터, 무슨 일을 하든 상대와 교감하는 데 최선을 다해야 한다는 것과, 그러려면 상대와의 접촉점을 찾아 다가서야 함을 알려 주려 하셨던 것 같다. 상대와 같은 옷을 입고 다가서는 게 마음과 마음이 만나는 첫걸음임을 그때 나는 발견했던 것이다.

훗날 복음의전함에서 광고 제작을 할 때도 이 사실을 잊지 않으려 했다. 어떤 언어의 옷을 입고 광고하느냐에 따라 믿지 않는 사람들의 마음 문이 열릴 수도, 그렇지 않을 수도 있음을 간과하지 않았다는 뜻이다. 그 고민 끝에 신학적이거나 교회 전문적인 언어를 과감히 벗고 모든 사람이 공감하는 일상의 언어로 다가서기로 했다. 2천 년 전에 오신 예수님께서도 고압적이거나 전문적인 언어가 아닌, 보통 사람들이 쓰는 시장 언어를 통해 하나님 나라를 설파하지 않으셨던가. "사랑한다면 눈을 감아 보세요"라는 우리의 첫 복음광고 카피는, 그렇게 일상 언어로 승부한 우리의 첫 결과물이었다.

★ 나는 선데이 크리스천이었다

회사 생활을 한 지 3년 만에 다니던 광고회사가 IMF로 문을 닫았다. 다른 광고회사도 줄줄이 도산이 이어졌다. 그 당시 나는 돌잡이 아이가 있는 한 가정의 가장이었다. 그러던 중 함께 회사를 다니던 한 국장님이 내게 사업을 제안했고 뭐라도 해야겠다는 마음에 1998년 1월 1일, 조그만 광고회사를 창업했다. 그런데 공교롭게도 사업 제안을 하신 국장님이 돌연 미국으로 떠났고 광고업계에 발을 들인지 겨우 3년 만에 1인 기업이지만 대표가 됐다. 내 인생의 방향키가 순식간에 가 본 적이 없는 길을 향하고 있었다. 말이 창업이고 대표지, 선배 사무실에 책상 하나 놓고 시작한 사업이었다. 더구나 경제적 타격이 오면 제일 먼저 줄이는 게 광고 아닌가.

그간 나는 광고기획자로서 담당 클라이언트들을 만나며 그들과 회사를 잇는 허브 역할을 해 왔었다. 하지만 그때부터는 영업부터 기획과 제작, 경영에 이르기까지 모든 걸 알아서 해야만 했다. 이를 악물고 일하는 것 말고는 할 수 있는 게 없었다. 나의 첫 클라이언트는 전에 회사를 다닐 때 관계 맺었던 한 화장품 회사였다. 광고를 의뢰했던 회사가 문을 닫은 상황이라면 당연히 더 큰 회사에 일을 맡길 법도 한데, 그분은 이제 갓 태어난 우리 회사의 손을 맞잡아 주신 것이다. 이렇듯 돌아보면 누군가의 도우심이라고 밖에는 말할 수 없음에도 나는 사업이 잘되는 것이 전적으로 내가 일군 열심의 결과라 여겼다. 당시의 나는 믿음이라곤 전혀 없는, 신앙적으로는 연약하고 연약한 크리스천이었다. 소위 말하는 선데이 크리스천이라고 불리기도 부끄러울 정도였다. 그러니 나는 사업이 잘되거나 못 되는 원인을 지극히 인간적으로만 파악했다. 연혁도 없고 학연, 지연 등의 인맥이나 로비력, 자금력도 없는 우리 회사가 난다 긴다 하는 큰 회사들과 경쟁해 광고를 수주하려면 숨 막히는 전쟁을 치러야 했다. 그런 현실에서 나는 기도하며 갈 길을 찾기보다는 인간이 다할 수 있는 불굴의 의지와 노력으로 그 길을 뚫으려 애를 썼다.

★ 회심, 조용하고도 뜨겁게

중학교에 다닐 때만 해도 내 방에 누우면 사방에 붙여 놓은 부적이 눈에 띄곤 했다. 천정은 물론 이불, 베갯잇 속까지 부적이 있었다. 부모님이 절에 다니신다는 이유로 어린 시절 나의 종교는 자연스럽게 불교가 되었다.

그런 우리 가족 중 교회에 첫발을 들여놓은 사람은 나보다 세 살이 많은 누나였다. 피아노를 즐겼던 누나는 언제부턴가 피아노 반주를 한다며 교회에 나가기 시작했다. 그 이후 아버지와 어머니 역시 누군가의 권유를 받아 교회에 나가셨다. 표면적으로는 사업이 어려워지면서 무언가를 붙들고 싶은 마음의 발로였지만, 이면적으로는 하나님께서 우리 가정을 복음화하시려고 누나에 이어 부모님까지 교회로 걸음을 이끄셨다고 볼 수 있다.

교회에 다녀오신 아버지는 전혀 다른 사람이 되셨다. 그 시절 아버지들이 대부분 그렇듯 우리 아버지도 술을 즐기셨다. 그런데 여의도순복음교회 예배에 다녀오신 날부터 술을 입에도 대지 않으셨다. 고등학생이던 나는 그 모습에 적잖이 충격을 받았다. 아버지의 변화를 보며 '뭐가 있구나' 직감했고 그때부터 내 종교는 불교가 아닌 기독교가 되었다. 예수 안에서 변화된 아버지는 그날 이후 한결같이 주님을 따르는 삶을 살다 장로로 주님의 품에 평안히 안기셨다.

예수님을 만나면 변할 수밖에 없다는 건 어머니를 통해서도 배웠다. 어머니는 그 옛날 무용을 전공할 정도로 남다르게 유복한 가정에서 곱게 자란 신여성이셨다. 하지만 그것은 아버지가 사업을 실패했을 때나, 10여 년 전 아버지와 사별하셨을 때 누구보다 연약하게 흔들릴 수 있다는 뜻이었다. 그러나 어머니는 인생의 풍파를 기도로 이겨내셨다. 부모님에 비해 나는 종교만 기독교이지 그리스도인이라 불리기 부끄러운 수준의 출석 교인이었다. 어머니는 내게 신앙생활에 대해 말씀하시지 않았다. 지금 생각하면 내게 하고 싶은 말이 많으셨을 텐데 눈물로 무릎 꿇으며 오로지 주님만 붙잡으셨던 것이다.

나는 집사 직분을 받고서도 예수님을 잘 모르던 사람이었다. 예수님과 인격적으로 만난다는 것이 뭔지도 몰랐다. 그러던 중 우리는 평촌으로 이사했고, 새중앙교회(담임목사 황덕영)의 전도를 받아 그 교회에 출석하게 되었다.

교회 측으로부터 1년 과정의 제자훈련을 받으면 어떠냐는 권유를 받았다. 사업으로 바쁜 내게 1년 코스의 제자훈련을 받으라니, 사업가의 사고방식으로는 받아들이기 어려운 제안이었다. "기도해 보겠습니다"라고 대답은 했지만 회피할 방법을 찾고 있었다. 그러나 하나님은 나를 그곳에 데려다 놓으셨다.

고(故) 옥한흠 목사님의 《평신도를 깨운다》라는 교재를 가지고 이루어진 그때의 제자훈련이 내 신앙의 결정적 모멘텀이 될 줄은 미처 몰랐다. 나는 그저 한 달에 두어 번 모여 배우는 제자훈련을 이수하기 위해, 일할 때처럼 그저 성실히 수업과 과제에 임할 뿐이었다.

그러던 어느 날 목사님으로부터 제자훈련 강의를 듣던 중, 주님은 내 안에 고요히 찾아오셨다. 삶의 기로에 서 있거나, 위기의 순간에 찾아오신 게 아니었다. 그 순간을 어떻게 표현해야 할까? 말씀을 들으며 나의 죄인 됨에 100% 동의가 된 순간, 그런 나를 위해 예수님께서 십자가에서 피 흘려 죽으셨음이 믿어졌다고 밖에는 달리 표현할 도리가 없다. 아, 하나님의 아들 예수께서 나를 위해 죽으셨다니! 주님이 느껴지면서 형용 못할 감동에 휩싸였다.

"그가 찔림은 우리의 허물 때문이요 그가 상함은 우리의 죄

악 때문이라 그가 징계를 받으므로 우리는 평화를 누리고 그가 채찍에 맞으므로 우리는 나음을 받았도다 우리는 다 양 같아서 그릇 행하여 각기 제 길로 갔거늘 여호와께서는 우리 모두의 죄악을 그에게 담당시키셨도다"(사 53:5~6).

이 사실이 믿어지자 나를 위해 죽으시고 부활하신 주님께서 내 안에 오셨음이 자각되었다. 아, 주님이 내 안에 찾아오셨다. 이를 인식한 순간, 이전까지의 내 모든 것들이 꼬꾸라지며 그분 앞에 순복하는 심령이 되었다.

"그런즉 누구든지 그리스도 안에 있으면 새로운 피조물이라 이전 것은 지나갔으니 보라 새것이 되었도다"(고후 5:17).

나의 거듭남은 휘몰아치는 어떤 사건 속에서 이루어진 게 아니었다. 교회 안의 조그만 방 안에서 제자훈련을 받던 중 어느 한순간에 조용하고도 뜨겁게 이루어졌다.

★ 방향 전환

그날 이후 내게는 여러 변화가 나타났다.

삶을 움직이는 내적 동기가 완전히 달라졌다. 내가 어디를 가야 하는 이유나, 가서 그 사람을 만나야 하는 이유, 오늘 하루 돈을 빌어야 하는 이유 등이 180도 달라졌다.

몸에 대한 개념도 완전히 바뀌었다. 하나님이 내게 주신 몸이지만 내 안에 주님이 계신다는 생각을 하니 거룩한 성전인 몸에 술을 한 방울도 넣고 싶지 않았다. 아니 넣을 수 없겠다는 생각이 찾아들었다.

"너희는 너희가 하나님의 성전인 것과 하나님의 성령이 너희 안에 계시는 것을 알지 못하느냐"(고전 3:16).

당시 나는 사업을 위해서라면 술도 마셔야 했지만 예수님이 나를 위해 목숨도 아끼시지 않았음을 알게 된 이상, 내가 좋아하던 술과 담배라도 끊어 그 사랑에 답하고 싶었다. 가장 먼저 한 결정은 클라이언트나 광고주와의 저녁 약속을 잡지 않는 일이었다.

이전까지 클라이언트들이나 광고주들과의 만남은 대부분 저녁 식사 자리에서 이루어졌다. 저녁 식사는 자연스럽게 술자리로 이어졌고, 앞으로도 저녁 약속을 잡게 되면 나의 약함이 타협으로 이어질 것만 같았다.

내게 있어 저녁 약속은, 놓치면 죽을 것 같아 양손에 꽉 쥐고 있던 무엇이었다. 하나님께서 내게 새로운 무언가를 주고 싶어도 나 스스로 쥔 주먹을 펴지 않으니 도무지 주실 수 없는 형국이었다. 광고계에서 술자리를 포기한다는 건 이미 손에 있는 좋은 기관총을 두고 빈손으로 전쟁에 나가는 것 같았다. 그러나 내가 내 손에 있던 무기를 놓고 주님 앞에 백기를 들자 주님은 꽉 쥐었던 나의 두 주먹에 좌우에 날선 검과 같은 무기를 장착해 주셨다. 하나님이 내게 주신 무기가 검이라면 내 몫은 이 검을 갈고 닦아 제대로 사용하는 것뿐이었다. 이전의 내가 나의 최선으로 전쟁을 치렀다면 이제는 하나님이라는 사령관께서 지시하시는 대로 전쟁을 치르는 방법을 배우게 되었다.

이전에는 술자리를 통해 관계를 쌓는 것이 익숙했다면 이제는 본연의 업무에서 할 수 있는 것이 무엇인가를 더 고민했다. 술을 마시지 않는 것이 업무상 약점이 될 수 있다면 이 약점을 생각도 못할 만한 새로운 무기가 필요했다.

★ '다르게' 승부하라

결심은 굳건했으나 훈련의 과정은 쉽지 않았다. 세계적인 경기 침체로 내가 잘하고 싶어도 기회가 주어지지 않는 상황이 이어졌다. 누가 봐도 쉽게 진행될 만한 일들에 브레이크가 걸리는, 상식 밖의 일들도 생겨났다.

어느 날엔가, '이러다 직원들 급여도 못 주겠다'는 생각에 정신이 번쩍 들었다. 하나님은 약하고 약한 나 자신이 아니라, 영원토록 불변하는 그분의 말씀 앞에 나를 비춰 보는 은혜를 주셨고, 그로 인해 나는 다시 기도의 불을 켜고 삶을 재정비할 수 있었다. 사람이든 물질이든 내가 의지해선 안 될 것들에 대해 하나둘, 깨달아 가던 시절이었다.

그럴 즈음, 누군가 회사 성장에 도움이 되는 정보를 알려 줬다. 국가에서 주관하는 모 사이트에 가입하면 광고 관련 일을 얻어 낼 수 있다는 얘기였다. 가입한 그 사이트에서는 행정안전부나 국토교통부 같은 공공기관의 광고나 인쇄 일을 활발히 발주해 주고 있었다. 희망이 보였다. 하지만 일반 회사의 상업 광고만을 해 왔던 우리에게는 기회 자체가 주어지지 않았다. 공공기관 일을 해낸 참여 실적이 있어야만 입찰 자격이 주어졌기 때문이다.

그런 와중에 국가 주요 공공기관에서 입찰이 나왔다. 청와대 대통령실이었다. 이번엔 자격요건 없이 누구나 지원할 수 있다고 했다. 정부에서 시행하려는 정책 사항들을 매주 30페이지 분량으로 발간하는 큰 프로젝트였다.

그러나 막상 오리엔테이션을 받으러 가 보니 그 일을 따내려고 몰려든 사람들 모습에 혀를 내두르지 않을 수 없었다. 외국계 회사는 물론, 우리 회사의 규모와는 비교도 안 되게 내로라하는 회사들이 다 이 경쟁에 참여하고 있었다. 한 관계자가 이전 상황을 설명해 주면서 입찰 과정은 투명하고 공정하게 이루어질 것이라며 이렇게 덧붙였다.

"여러분, 정책에 대해서는 잘 모르실 테니 저희가 내용을 다 드리겠습니다. 그러니 내용 건드리지 마시고 디자인만 하시면 됩니다."

관계자는 그 말을 수십 번은 더했다. 그 말을 들으며 생각했다.

'어떻게 하면 이 경쟁에서 이길 수 있을까? 어떻게 달라야 할까?'

하나님이 내게 주신 새로운 무기, 나의 승부수는 항상 '다름'이었다. 우리 것을 선택할 수밖에 없는 차별화된 그 무엇. 그 것을 어떻게 찾느냐가 관건이었다.

회사로 와서도 그 고민은 계속되었다.

'어떻게 달라야 할까?'

청와대에서 준 정책 사항들을 펼쳐 보니 그 고민에 답을 찾은 듯했다. "중학생이 읽어도 알아들을 만큼 쉽게 내용을 줄 테니 다른 건 건드리지 말고 디자인만 해 오라"는 말과 달리, 내 눈에는 내용이 쉽게 들어오지 않았던 것이다. 그 점에 착안, 한 가지 아이디어를 냈다. "디자인을 어떻게 할까?"보다 "어떻게 하면 내용을 쉽게 전할 수 있을까?"에 중점을 두고 진행하자는 생각이었다. 내용 자체를 바꾸는 건 아니지만, 한눈에 정책 사항들을 쉽게 파악할 수 있도록 내용 정리에 심혈을 기울이기로 했다. 다른 업체들은 디자인에만 집중하라 했으니 그야말로 디자인만 연구했을 것이라는 생각이었다.

그렇게 제안서 열 부를 가방에 넣어 청와대로 갔다. 서류가 방 하나 들고 찾아간 우리와 달리, 다른 회사에서는 어마어마한 양의 바인더를 박스에 담아 대기 중이었다. 그들에 비해 내용에 집중한 우리의 제안서가 초라해 보였다.

그런데 얼마 뒤, 청와대 대통령실로부터 연락이 왔다. 우리 회사가 우선 협상 대상자 세 군데 중 하나로 선정되었다는 내용이었다.

'아! 이건 하나님께서 하셨다.'

그 생각과 동시에 우리 회사가 최종적으로 그 일을 하게 된다면 더더욱 겸손하고 성실하게 이 일을 감당해야 한다고 여기며 마음의 준비를 했다.

그 일은 결국 우리 회사가 맡게 됐다. 남들은 운이 좋았다 하겠지만 나에게는 하나님이 주신 일이라고 밖에는 판단이 안 되었다. 주님이 허락하신 일이니 그리스도인으로서 부끄럽지 않게 일해야겠다고 거듭 다짐했다.

그 뒤로 나는 일주일에 한 번씩 꼬박꼬박 청와대 대통령실에 들어가 일을 진행했다. 그야말로 밥 먹듯 드나들었다. 그러나 클라이언트에게 그 흔한 밥 한번 먹자는 이야기를 꺼내지 않았다. 관계자들과 가까이하다 보면 세상 사람들과 별반 다를 바 없는 방식으로 사업하게 될 것을 잘 아는 까닭이었다.

그렇게 6개월을 일했을 때였다. 어느 날 점심시간에 마주친 고위 공직자 한 분이 내게 점심을 사겠다 하셔서 처음으로 업무와 관련된 공무원과 식사를 했다.

우리는 청와대 후문의 한 한정식집에 마주앉았다. 잠시 후 그분은 당시 유행하던 옥수수 막걸리 주전자를 들어 술 한 잔을 권했다.

잠깐이었지만 술잔을 받아야 하는 게 아닐까 하는 생각이 들었다. 내가 거절한 술 한 잔이 이 사업을 그르치게 될 것 같은 생각과 식사자리까지 마련해 주신 분을 민망하게 하고 싶지 않은 마음이 들어서였다. "제가 요즘 몸이 안 좋아서요"라거나 "한약을 먹고 있어서요" 등의 임기응변 처방으로 거절 의사를 밝힐까도 싶었다.

그러나 그 찰나의 순간, 하필이면 성경 말씀 한 구절이 뚜렷이 떠올랐다. 마태복음 10장 32절이었다.

"누구든지 사람 앞에서 나를 시인하면 나도 하늘에 계신 내 아버지 앞에서 그를 시인할 것이요"(마 10:32).

예수님을 시인한다는 것은 거짓이 아니라 진실하게 말하는 것이요 내가 하나님의 자녀임을 밝히는 것이라는 생각에 흔한 회피 대신 다른 말을 내뱉고야 말았다.

"제가 예전엔 술을 많이 마셨는데 예수님을 알고 나서부터는 술을 안 마시게 되었습니다. 혹시 교회에 다니십니까?"

이 말 한마디의 파장이 그리 클 줄은 몰랐다. 나름 정중하게 드린 대답이었음에도 말이 끝남과 동시에 우리 두 사람은 식사를 마칠 때까지 단 한마디도 나누지 못했다. 그분이 내게 아무 말씀을 안 하셨기 때문이다.

2년 계약된 일을 6개월 만에 접게 되겠구나 하는 생각이 들었지만 그럼에도 불구하고 식사를 마치고 나오면서 든 생각은 '정말 잘했다'였다. 일은 못하게 될지 모르겠지만 예수님을 드러내 놓고 증거했으니, 태어나 가장 잘한 일이라는 생각이 들었다. 지금까지도 내 생애 가장 기쁜 날이 되었다.

내가 한 말이 사업에 악영향을 끼칠 것 같다는 나의 염려는 하나님의 멋진 반전으로 돌아왔다. 계약 기간이 2년이 아니라 오히려 연장되어 3년 넘게 청와대 일을 한 것이었다.

아주 나중에 들은 얘기지만, 내게 술을 권했던 그분은 주변 사람들에게 이런 의견을 전하셨다고 한다.

"저 사람들 보니까 일은 참 성실하고 깨끗하게 하더라."

그 일을 통해 하나님은 내게 또 한 가지 중요한 진리를 가르치셨다. 광고기획자로서의 '다름'보다 하나님을 더 기쁘게 하는 것은, '그리스도인이라면 어떻게 다를 것인가?'에 대한 하나님의 질문 앞에 말씀으로 대답하는 것이라는 사실이었다.

"그런즉 너희는 먼저 그의 나라와 그의 의를 구하라 그리하면 이 모든 것을 너희에게 더하시리라"(마 6:33).

★ 어떻게 예수를 전할까?

삶의 현장에서 예수님을 나타내려 할수록, '한

영혼에게 어떻게 복음을 전할까?'라는, 직접적인 복음전도에도 관심이 깊어졌다.

성기훈이라는 친구의 사무실에 이따금씩 들렀던 것도 그 이유에서였다. 이 친구와 나는 청년 시절에 다녔던 직장에서 만난 사이였다. 마음이 잘 통해 가깝게 지냈던 터라 더더욱 이 친구의 구원을 놓고 기도하게 되었다. 그러나 친구는 고등학생 때 불교학생회장을 맡을 정도로 불교와 토속신앙의 뿌리가 깊은 사람이었다. 기독교에 대한 반감도 커서 만날 때마다 "교회에 한 번 가 보자"는 나의 권유에 "그런 말 좀 그만해"라는 반응을 보이곤 했다.

그러던 어느 날, 친구는 해결 못할 문제 앞에 마주서게 되었다. 유학을 보낸 어린 외동아들이 현지 적응에 어려움을 겪고 있었다.

친구의 마음은 타들어 가기 시작했다. 멀리 떨어져 있다 보니 자식을 위해 아무것도 못 해 준다는 사실에 무척이나 난감해했다. 내가 하는 것이라고는, 아버지로서 애타는 친구의 마음에 공감하며 얘기를 들어주는 것뿐이었다.

그러던 어느 날, 힘든 마음을 털어놓던 친구가 내게 물었다.

"어떻게 하지? 방법이 없을까?"

그 말에 나는 이렇게 답했다.

"나는 방법을 알 것 같아. 나랑 교회에 한 번만 가자."

하고 싶은 말은 많았지만 딱 그 두 마디만 하고 친구를 위해 기도하며 기다렸다.

그러자 하나님께서 친구의 마음을 움직이셨고, 그다음 주일에 친구는 나와 함께 첫 예배를 드리게 되었다.

친구는 자리에 앉자마자 눈물을 펑펑 쏟으며 울었다. 왜 우냐고 물어도 답할 말이 없는 눈물이었다. 그냥 예배당에 가서 앉는 순간, 마치 의지해야 할 아버지 품에 안긴 듯한 심정이 아니었을까 싶다. 하나님이 어디 있냐고, 왜 하나님을 의지해야 하냐며 저항하던 마음이 녹아내리면서, 위로하시고 힘주시는 하나님의 사랑을 느꼈을 것이었다.

친구는 그날 그렇게, 마음 안에 찾아오신 하나님을 만났다. '내가 할 수 없는 것을 하나님은 하실 수 있구나'라는 생각을 그날 했다고 한다. 한 번도 해 보지 않은 생각이었다. 규모 있는 회사의 광고기획자로서 평탄한 삶을 살아왔기에 그럴 법도 했다. 그러나 누구나 한번쯤 지나기 마련인 고통의 골짜기에서 내 친구는 인간의 무능과 무력함을 알게 되었다. 하나밖에 없는 아들과 이역만리 떨어진 상태에서 어려움을 겪다 보니, 삶에는 내가 할 수 없는 일들이 존재한다는 것과, 하나님은 그 일을 할 수 있는 분이라는 것, 그래서 우리는 그분만을 전적으로 의지해야 한다는 사실을 인정하게 된 것이다.

이후 그가 기도하는 사람으로 변화된 것은 당연한 수순이었다. 친구는 그날 이후 '하나님께 기도하지 않고서 우리가 어떻게 누군가를 사랑한다고 말할 수 있을까?' 여기며, 자녀를 비롯한 가족들을 위해 기도하는 삶을 살았다.

아마도 그런 삶의 여정의 결과였을 것이다. 이 친구는 훗날 복음의전함과 함께하면서, "사랑한다면 눈을 감아 보세요"라는 광고 카피를 직접 쓰기도 했다. 이 카피는 성기훈이라는 한 아버지가 예수님께 자신의 아들을 맡기는 신앙 고백이었다.

★ 받은 달란트, 주를 위하여

여느 날과 다를 것 없는 평범한 일상이었다. 내 인생의 새로운 항해가 시작되리라고는 생각지도 못한 그저 보통날의 아침.

아저씨 한 분이 생수통을 들고 사무실에 들어왔다. 어디서나 볼 수 있는 생수통이었지만 그 생수통에는 어디서나 볼 수 없는 말씀 스티커가 붙어 있었다. 새롭기도 하고, 놀랍기도 해 그분께 여쭈었다.

"이거 직접 만들어서 붙이신 거예요?"

"네, 제가 직접 했습니다."

"교회 다니는 우리야 이런 거 붙이면 좋아해도 싫어하시는 분들도 있을 것 같은데 괜찮아요?"

그 말에 아저씨가 고개를 저었다.

"아이고 웬걸요? 안 괜찮지요. 어떤 분은 욕을 하기도 하고, 어떤 분은 생수통을 던져 버려요."

그런 수모를 겪으면서도 계속 스티커를 붙이는 이유가 궁금했다.

"그런데 왜 이런 일을 하세요?"

"이 일은 하나님이 제게 주신 귀한 직업이고 달란트잖아요. 제가 이 생수통을 전국으로 배달하는데 이걸 저만을 위해서 쓰라고 주신 거 같지는 않았어요. 그래서 이렇게 말씀을 적어 가지고 다닙니다."

순간, 그 말이 내게 쿵 하고 박혔다. '나는 하나님께서 주신 달란트를 주님을 위해 사용했나?' 자문해 보게 되었다. 클라이언트의 술 한잔을 거절하며 복음을 전하는 것, 가끔 선교도 나가고, 전도하는 것 말고, 하나님이 내게 주신 달란트로 복음을 전하고 있는지를 돌아보니 한없이 부끄러워졌다. '나는 내 사업을 위해서만 내게 주신 달란트를 사용했었구나' 하는 마음이었다. 불이익을 감수하더라도 생업 현장에서 자신의 달란트를 사용해 복음을 전하는 그분은 내가 본 어떤 사람보다 그리스도인답다는 생각이 들었다.

지나고 나니 주님은 내게 책망이 아닌 부탁을 하시기 위해 그분을 보내신 것 같았다. '내가 사업에서 성공하면 복음의 통로로서의 길도 자연스럽게 넓어지겠지. 선교에도 더 많은 재정을 드리게 될 수 있을 테니 최선을 다해야지'라고 생각하던 내게 주님은 새 부르심을 주셨다. "정민아, 이제 네가 나를 세상에 직접 소개해 줄래? 복음 전하는 일에 네 달란트를 사용해 줄래?"라는 부탁이었다.

이후 주변을 둘러보니 그렇게 살아가는 이웃들이 적지 않았다. 언젠가 허름한 떡볶이 가게에서도 생수 아저씨 같은 분을 또 만날 수 있었다. 떡볶이 가게 아주머니는 떡볶이를 담은 검은 비닐봉지 위에 'I LOVE JESUS'라는 포스트잇을 붙여 건네주었다.

그 모습을 보면서 깜짝 놀랐다. 그 작은 포스트잇 하나에는 예수님을 전하고픈 아주머니의 마음이 담겨 있었다.

그렇게 자신의 자리에서 복음을 전하는 이들을 보면서 나는 '사역자'에 대해 다시 생각하게 되었다. 신학교를 졸업해 목사와 선교사가 되신 분들만 사역자가 아니라 주님이 주신 달란트를 복음 전하는 일에 사용하고 있는 사람들 모두가 하나님의 종이요 사역자라고 여겨졌다.

'그렇다면 나는 받은 달란트로 어떻게 복음을 전하며 살아야 할까?'

이 고민을 하다 보면 생각나는 분이 있었다. 성경책을 들고 아파트 엘리베이터에서 마주칠 때마다 항상 싫은 내색을 강하게 하시는 이웃 아저씨. 그때마다 나는 '왜 저분은 기독교를 이렇게 싫어하실까? 예수님을 정확히 아시면 안 그러실 텐데' 하는 안타까움이 있었다. 그러던 어느 날, 하나님은 내게 광고의 역할에 대해 떠오르게 하셨다.

광고가 왜 필요한가? 광고는 상품을 팔기 위해 새로운 정보를 알릴 때도 필요하지만, 잘못된 정보를 올바른 정보로 바로잡아야 할 때도 필요하다. 따라서 예수에 대해, 기독교에 대해 잘못 알려진 정보가 있다면 일상에서 접하는 광고 속에 바른 정보를 실어 알려 드리면 된다. 광고야말로 기독교에 대해 강팍했던 마음을 부드럽고도 열린 마음으로 바꾸는 데 중요한 역할을 수행할 가장 적합한 도구가 될 수 있는 것이다! 특별히 저런 분들은 기독교 전문 매체를 볼 일이 없을 터였다. 그러니 일반인들이 흔히 접하는 매체에 복음광고를 싣는 일이 매우 필요했다. 내가 받은 달란트인 광고를 통해 복음을 전해야겠다는 생각은 그렇게 발전되어 갔다.

지금도 사람들은 하루에도 평균 수백 번 이상 광고를 접하며 살아간다. 따라서 예수님을 광고 속에 넣어 전하는 전도법이야말로 일상 속에서 전하는 가장 강력한 복음전도법이라는 예견이 나왔다! 예수님과의 친밀감 형성에 광고만큼 좋은 매개체도 없겠다는 생각이었다.

복음을 광고에 담아 전한다는 개념은 이처럼 오랜 시간에 걸쳐 다각도로 구체화되어 갔다. 하나님은 복음광고의 필요성을 내게 말씀하시며 복음의전함 설립을 꿈꾸게 하셨다.

아마도 내가 광고인이었기 때문이었을 것이다. 하나님께서는 다른 분야가 아닌 내가 가장 잘 할 수 있는 '광고와 마케팅'을 통해, 복음 전하는 사역에 매진하도록 끝없이 말씀하셨다. 이를 위해 나는 18년 동안 해 왔던 사업을 과감히 접기로 했다.

★ 내 생애 최고의 계약

당시 나는, 이름도 아직 미정인 복음의전함이 앞으로 어떤 일을 하고 어떤 형태로 운영될지에 대한 구체적인 구상을 하진 못했다. 다만 광고로 복음을 전하는 비영리 선교단체를 설립하리라는 것과 어떤 형태로든 후원으로 운영될 것이라는 구상 정도만 할 뿐이었다. 그런데 후원을 받아 운영한다고 가정해 보니, 내가 대표로 있는 상업광고 회사에서 복음광고를 제작한다면 설사 비용 지급을 안 한다 해도 오해의 소지가 있을 것 같았다. 후원받는 곳의 대표와 광고를 수주받아 제작하는 곳의 대표가 동일하다는 게 문제될 수 있었다. 장차 세워질 복음의전함을 위해서라면 내가 광고회사 대표직을 내려놓는 게 맞겠다는 결론이 내려졌다.

그렇다면 이 회사를 누구에게 어떻게 맡겨야 할까? 18년 동안 내 청춘의 피와 땀을 쏟은 회사였기에 아무에게나 회사를 맡기고 싶지는 않았다. 우리와 같은 마음으로 복음을 전하는 이 일에 사명감을 갖고 뛰어들 사람이 필요했다. 앞서 소개한 성기훈이라는 친구야말로 광고회사를 맡을 적임자라는 생각이 들었다. 그 친구는 내가 어떻게 이 회사를 일으켰는지 잘 알 뿐 아니라, 내가 아는 범위 내에서 대한민국에서 광고를 제일 잘 만드는 사람 가운데 한 사람이었으니까. 그는 포스코(POSCO)의 가장 유명한 슬로건인 '소리 없이 세상을 움직입니다'라는 캠페인을 기획했다.

그에게 찾아가 광고회사를 넘겨받을 것을 제안했다. 아무 조건 없이 모든 지분을 다 넘길 테니 내 제안 하나만 들어달라고도 덧붙였다.

"이 회사가 나에게 어떤 의미인지 알지? 아무 조건 없이 너에게 다 넘기는 거니까 너도 내게 해 줄 게 있어. 네가 받은 달란트를 예수님의 복음을 전하는 데 사용해 줘. 우리가 복음을 광고로 만들 때 네가 함께 만들었으면 해. 예전의 너처럼 예수님에 대해 오해하고 사는 사람이 세상에는 너무 많아. 주님의 은혜로 회심한 네가 영혼을 살리는 이 일에 함께하면 좋겠어."

친구와 나의 특별한 계약은 그렇게 이루어졌다.

그 뒤로 친구는 광고회사의 대표를 맡음과 동시에, 복음의전함의 이사 중 한 사람이 되어 모든 복음광고 콘텐츠 개발에 함께 참여했다. 나는 그날 이후로 어디를 가든, 이날 입때껏 내가 한 계약들 중 그날 계약이야말로 제일 잘한 것이라고 말하게 되었다.

그렇게 운영했던 회사에서 물러나고 일부 남겨진 재원은 하나님께 드린다는 심정으로 복음의전함에 전액 기부하기로 했다. 앞으로 살아가야 할 날들에 대해서는 그분의 돌보심을 구했다.

실제로 복음의전함이 설립되어 사무실을 얻고, 사단법인으로 등록을 하고, 후원자가 모일 때까지 신문이나 버스, 지하철 등에 복음광고를 내보내면서 초기 비용이 상당히 들었다. 그 돈은 그렇게 사용하라고 하나님께서 예비해 주신 것이었다.

★ 가족을 하나님께 맡기며

회사에서 물러나는 과정에서 자신의 그물을 버려두고 예수님을 따랐던 베드로가 생각났다. 그물은 베드로에게 생계 수단이었다. 그리고 그의 가족들의 생계를 책임지는 도구이기도 했을 것이다. 잘 운영되고 있는 광고 회사에서 물러난다는 것은 내게 있어 이와 같았다. 하지만 이것이 가능했던 건 힘들 것을 예상하면서도 나를 지지해 준 가족들이 있었기 때문이다. 이들의 지지가 없었다면 나는 결코 용기 내지 못했을 것이다. 아내는 나의 변함없는 지지자였다. 언젠가 아내에게, 구체적으로 보이지 않지만 그래도 이 사역을 해 보고 싶다고 말했을 때 아내는 "여보, 잘해 봐"라는 따뜻한 한마디를 건네주었다. 형편이 달라질 게 뻔히 보이는 상황이기에 누구나 다 그렇게 해 줄 수 있는 말은 아니었다. 복음의전함에 기부하는 돈에 대해서도 당연하다는 듯 고개를 끄덕이는 아내가 한없이 고마웠다.

아이들도 나와 같은 마음이기를 바랐다. 유학중이던 큰아들이 마침 들어와 있을 때라 두 아들을 데리고 근사한 식당에 가서 차근차근 설명을 했다.

"아빠가 앞으로 이런 일들을 하려고 해. 그래서 하나님이 주신 재원은 여기에 다 기부할 거야."

아내만큼 따뜻한 반응을 기대하지는 않았지만, 설명을 듣고도 아무 말이 없어서 조금 당황스러웠다. 하지만 정작 당황한 사람은 내가 아니라 아이들이었음을 아내에게 들었다. 집에 가자 큰아들은 아내에게 "엄마! 아빠가 새로운 일을 시작하시면 저는 공부 그만하고 들어와야 해요?"라고 물었다 한다. 아내는 그 말에 "기도해. 기도하면서 인도함을 받으면 되지"라고 답했다고 했다.

그동안 사업하는 아빠 덕분에 큰 어려움 없이 지내던 아들들에게 갑작스런 아빠의 변화는 반가운 소식이 아니었을 것이다. 자신들의 진로 선택의 폭이 대폭 좁아졌으니 그런 마음이 드는 것도 자연스러운 일이었다.

하지만 그에 대한 걱정은 하지 않기로 했다. 언젠가 예수님께서 이 아이들을 만나 주시면, 아이들 역시 자발적으로 좁은 길을 가면서도 기뻐하고 감사할 거라 믿어졌기 때문이다.

"좁은 문으로 들어가라 멸망으로 인도하는 문은 크고 그 길이 넓어 그리로 들어가는 자가 많고 생명으로 인도하는 문은 좁고 길이 협착하여 찾는 자가 적음이라"(마 7:13~14).

★ 이야기가 있는 전도지를 꿈꾸다

복음의전함을 설립하기 한참 전부터 나는 전도지에 대한 갈증으로 목이 타곤 했었다. 섬기는 교회가 전도를 많이 하는 교회다 보니 전도지를 쓸 일이 많아서였을 것이다.

우리 교회에서는 주로 사영리 소책자를 사용해서 전도를 했는데, 그 소책자는 진리를 올바로 전하는 데 유용했다. 그러나 막상 전도 현장에 가 보면 아쉬움도 느껴졌다. 특히나 복음에 대해 마음 문이 꽁꽁 닫혀 있는 사람들을 만날 때가 그랬다. 복음의 교리를 설명하기 전에 그들의 마음을 움직일 만한 메시지로 대화를 열면 좋겠다는 생각이 들었다.

'예수님이라면 어떻게 하셨을까?'

공부하는 수험생이나 60~70대 노인분들, 아이를 키우는 가정주부에게 똑같이 다가가시지는 않을 것 같았다. 그들 각자의 상황에 맞는 이야기를 건네셨을 것 같았다. 복음은 변함없는 진리이지만 그 진리를 보다 효과적으로 전달할 수 있는 지혜가 필요했다.

하나님이 내게 주신 마음은 상대방이 알아들을 수 있는 언어로 말하라는 것이었다. 교회 안의 사람들만 알아듣는 전문 기독 용어가 아닌, 상대가 관심 있어 하는 그들의 언어로 복음을 전하는 전도지를 직접 만들고 싶었다.

그러던 중 복음광고를 만드는 제이에드의 정기섭 대표라는 분과 연락이 닿았다. 그때까지만 해도 나 역시 훗날 복음광고 제작에 본격적으로 뛰어들 줄 몰랐다. 그저 전도지를 만들 생각에 기뻐서 직접 만나 부탁을 드린 게 전부였다. 전도지 시안을 두 개 정도 주시면 전도지를 직접 제작하겠다는 내용이었다.

그런데 차를 타고 돌아오며 곰곰 생각해 보니, "비용에 대한 견적서를 함께 보내 달라"고 요청한 일이 마음에 걸렸다. 내가 그분께 냉장고나 차를 산다면 당연히 비교 견적서를 받겠지만, 신앙과 마음을 쏟은 전도지 시안을 부탁하면서 견적서를 받아 비용을 흥정하는 일 자체가 송구스럽게 느껴졌다.

급히 전화를 걸어 사과를 드렸다. 견적서를 보내 달라는 요청이 실례였음을 밝히면서, 300만 원을 미리 드릴 테니 혹 부족하다 싶더라도 그에 맞춰 시안 두 개를 보내 달라고 했다.

내가 죄송하다고 느낀 것은 다름 아닌, 전도지를 만드는 일은 다른 광고 문구를 쓰는 일보다 마음 자체를 온전히 쏟아야 하는 일이기 때문이었다. 얼마의 비용을 지급하든, 기도하며 헌신하는 태도가 선행되지 않고서는 단 한 줄도 쓰지 못하는 것이 전도지였다.

훗날, 복음의전함의 주된 사역 중 하나가 전도지를 제작해 보급하는 일이 된 데에는 이러한 과정과 고민들이 있었기 때문인지도 모른다. 평신도인 나도 이렇게 전도지에 대한 갈망이 있는데, 현장 사역자들의 갈망은 나보다 더 크지 않을까 생각했기 때문이다. 우리가 만든 전도지가 한국교회의 복음전파 도구로 사용되기를 바라는 마음은 하나님의 자연스러운 인도하심 속에 이루어졌다.

신문에 첫 복음광고가 나가자 어느 목사님으로부터 연락이 왔다. 그 광고가 너무 좋아서 이미지를 받아 전도지를 만들려 하니 허락해 달라는 부탁이었다. 교인 10명이 채 안되는 미자립 교회의 목회자셨다. 우리는 전도지를 제작해서 드리기로 했다.

미자립교회의 사정과 필요를 파악하게 된 그때를 계기로, 해마다 우리는 교인 50명 미만의 미자립교회들의 신청을 받아 복음의전함에서 제작한 전도지를 1천 부씩 무상으로 보내고 있다. 지금까지 약 3천여 교회를 지원하였다. 또한 전 세계 12개 언어로 전도지를 번역해 6대주 사람들에게 전도지를 나누며 복음 전하는 사역을 감당하게 되었다.

우리가 웃을 수 있는 이유!

Korean actor_Zin Tae Hyun

우리의 삶을 긴 여행으로 비교합니다.

설렘을 안고 행복이라는 목적지를 향해 가다가
이별과 고통이라는 비바람도 만나고
웃음과 기쁨이라는 햇살 속에서 잠시 쉬기도 합니다.
그리고 언젠가는 그 여행을 끝내야 합니다.

하지만 우리는 우리의 인생 여행이 끝나는 것을 두려워 하지 않습니다.
하나님께서 우리가 돌아갈 수 있는 집을 만들어 주셨기 때문이죠.

그것이 바로 언젠가 있을 여행의 끝 앞에서
우리가 웃을 수 있는 이유입니다.

하나님은 사랑입니다.

전함 JEONHAM Association, Inc.

≫ '우리가 웃을 수 있는 이유' 전도지(복음광고 전도지)

'복음의전함'이라는 이름이 정해지기도 전에, 고
정민 장로님이 저에게 건넨 첫마디가 "거룩하
신 예수님의 이름을 감히 저희가 광고해도 될까
요?"였습니다. 하나님의 영광을 가리지 않으려
애쓰는 마음, 그럼에도 그 영광을 반드시 드러
내고자 하는 경외심 가득한 열정이 복음의전함
을 움직이는 힘인 것 같습니다.

- 조정현 목사(바른교회)

항해를
시작하다

★ 복음의전함, 항해를 시작하다

복음의전함이라는 단체명은 뜻하지 않은 에
피소드 끝에 탄생했다. 처음에는 그저 '전하다'의 명사형인
'전함'으로 단체명을 삼으려 했다. 이웃에게 사랑을 전하고
기쁨을 전하고 감사를 전하며, 궁극적으로는 복음을 전한
다는 의미를 담은 것이었다.

그런데 이름을 등록하러 간 직원에게서 급히 연락이 왔다.
종교단체라는 특성상 '전함'이라는 단어의 앞이나 뒤에 구체
성을 띤 단어가 있어야 한다는 얘기였다. 고민 끝에 이렇게
말했다.

"복음을 전하는 단체니까 '복음을 전함'이라고 합시다."

그런데 그 말을 직원이 잘못 알아듣는 바람에 '복음을 전함'이 아니라, '복음의전함'이라는 이름으로 등록이 되어 버렸다. 어법에 맞지 않는 이름이었다.

하지만 뜻밖에도 이 이름은 나중에 사람들로부터 많은 호평을 받았다. "복음의 전함? 무슨 뜻이지?"라며 이름을 자꾸 되새기게 된다고도 했다. 언젠가 온누리교회 이재훈 목사님을 만났을 때 이렇게 말씀하셨다.

"전함이라면 배틀쉽(battleship)을 말하는 건가요?"

목사님은 '전함'의 뜻을 전쟁할 때 쓰는 함선으로 이해하셨다. 그렇게 들릴 법했다.

그 말을 듣고 보니 '전함'에는 중의적 의미가 있었다. 전쟁과 같은 이 시대에, 복음의전함이 복음을 전하는 함선이 되기를 주님도 바라셨던 것 같다.

2014년 10월, 드디어 복음의전함은 복음 전파를 위한 항해를 시작했다. 나중엔 직원이 십여 명으로 늘어났지만 처음엔 단한 명과 함께한 출발이었으니 누가 봐도 조촐한 시작이었다.

그러나 우리의 마음만은 뜨겁게 타올랐다. 나를 먼저 사랑하시고 나를 만나 주시며 내 걸음을 인도하시는 그 좋으신 예수님을 더 많은 사람에게 전하고 싶은 마음이 간절했다. 사랑이신 하나님께서 사람에 대한 사랑을 부어 주셨기에 가능한 일이었다. 어디 가서 맛있는 냉면 한 그릇만 먹어도 사랑하는 가족에게 먹이고 싶은 게 인지상정이다. 내가 그 좋으신 예수님을 경험했고 이웃을 향한 사랑이 있다면, 그들에게 좋으신 예수님을 소개하고 싶은 마음은 끓어오를 수밖에 없었다.

복음의전함을 설립할 때 내 마음이 꼭 그랬다. 내게 있는 가장 좋은 것을 누군가에게 나누고 싶은 마음, 그 마음이 나를 가만히 있을 수 없게 했다.

★ 성공과 실패보다 중요한 것

복음의전함을 시작하고 맞은 첫 번째 어려움은 단체에 관심을 갖는 동역자를 찾기가 쉽지 않다는 사실이었다. 그도 그럴 것이 이 사역 자체가 사람들에게 매우 생소한 개념이었다. 만 원이든 이만 원이든 복음광고 사역을 위해 매달 정기적으로 후원하려는 움직임들이 쉽게 나타날 리 만무했다. 광고회사를 정리할 때의 기부금으로 직원들 월급이며 각종 복음광고 비용을 댔지만, 그마저도 차츰 바닥을 보이고 있었다.

두 번째 어려움은 나를 바라보는 사람들의 시선이었다. 소위 잘나가는 광고회사 사장일 때와 달리 후원을 받아 운영하는 단체의 리더가 되고 나자 나를 바라보는 사람들의 시선과 요구 사항이 180도 달라진 게 느껴졌다. '사람들에게 뭔가 부탁해야 할 자리에 있는 사람이라면 자세를 더 낮춰야지'라는 따가운 시선들이 내게로 와서 꽂힐 때마다 부담감이 어깨를 짓눌렀다. 그간 사업가로서 자유롭게 생활하던 나로서는 그런 시선들이 낯설고도 버거웠다. 나는 그저 예수님을 사랑해서 이 일에 뛰어든 한 명의 평신도일 뿐인데, 선교단체를 하니 사역자로 생각하고 엄격한 기준을 들이대는 게 가혹하게 느껴지기도 했다.

그런 일들에 대한 반작용 때문이었을까. 언제부턴가 나는 복음의전함을 놓고 기도하면서, 다음과 같은 일종의 오기를 품게 되었다.

'봐라, 내가 이 단체를 어떻게 확장시키고 성공시키는지 보여 줄 테다. 예전에 내가 광고회사 할 때 말도 안 되는 프로젝트를 따내서 성공시킨 것처럼, 사람들이 눈여겨보지 않는 이곳이 얼마나 잘될 수 있는지를 보여 주겠어.'

나는 이미 세상 야망을 내려놓고 이 일을 시작한 사람이었다. 그런데 이제 와서 성공이니 확장이니 하는 개념을 또다시 이 단체에 도입하려 하고 있었다. 안 될 일이었다. 복음의전함 사역은 다른 사업 방식처럼 접근해선 절대 안 되는 일이었다. 영혼 구원의 주체는 내가 아닌 하나님이 아니신가. 복음의전함을 통해 한 사람이 구원에 이를지, 수만 명이 구원에 이를지를 결정하시는 분은 오직 하나님이셨다.

그럼에도 나는 이사장으로서의 압박감에 하루빨리 이 단체를 키워야 한다고 생각했다. 더 많은 사람들에게 예수님을 전하기 위해서라도 하루빨리 단체를 키우는 것이 내가 할 일이라는 식의 합리화를 하고 있었다.

하나님께서는 그런 내 생각을 SMTC(전문인 선교훈련)라는, 섬기고 있는 교회에서 하는 6개월 코스의 단기선교훈련 과정 중에 바꿔 주셨다. 훈련 기간,《내려놓음》이라는 책을 읽고 독후감을 제출하라는 과제를 내주었다. 하나님은 이 책을 통해 내게 말씀하셨다. 하버드대학교 출신의 이용규 선교사님이 몽골 선교사로 헌신한 뒤에 아무것도 없는 허허벌판에서 하나님의 일하심을 간절히 바라며 고백하는 대목이었다. 그 대목에서 나는, 하나님의 사역을 함에 있어 진실로 중요한 게 무엇인지가 깨달아졌다. 동시에 내가 왜 복음의전함을 시작했는지 돌아보게 되었다.

사랑으로 시작한 사역이었다. 내게 보여 주신 예수님의 사랑 때문에 나는 한 영혼에게 복음을 전하고 싶은 뜨거운 사랑을 안고 이 일을 시작했다. 그 과정과 내 마음을 하나님께서 다 보시며 여기까지 인도하셨다.

그 생각을 하자니 완고했던 내 마음이 녹아내렸다. 하나님께서 내게 "네가 어떤 마음으로 이 단체를 시작했는지 내가 다 안다"고 말씀하시는 것도 같았다. 그러자 마침내 '하나님이 다

아시는데 이 단체의 성공과 실패가 무에 그리 중요하랴?'라는 결론이 들었다.

중요한 것은 복음의전함이라는 단체가 확장되는 게 아니었다. 예수님의 사랑을 안고 이웃에게 다가서려는 그 처음 마음, 그 첫사랑을 잃지 않는 게 무엇보다 중요했다. 그걸 잃어버린 채 단체를 키우는 일에만 몰두한다면 그건 잘못되어도 한참 잘못된 일이었다.

생각이 그렇게 정리되자 나는 더없이 자유로워졌다. 과중한 짐을 진 듯 무거웠던 내 어깨도 더할 나위 없이 가벼워졌다. 그러자 복음의전함이 앞으로 어떤 사역으로 쓰임을 받고, 어떤 규모가 될지에 대해 전적으로 하나님께 맡길 수 있었다. 그저 우리는 예수님을 사랑하며 하나님께서 하라 하시면 하고, 멈추라 하시면 멈추는 자로 살면 될 일이었다.

"내 양은 내 음성을 들으며 나는 그들을 알며 그들은 나를 따르느니라"(요 10:27).

우리는 예수님이라는 목자의 음성만 듣는 양이지 않은가. 목자만 따라가면 될 일이라 생각하니 모든 것이 분명해졌다. 목자의 음성을 듣고 그가 가는 길을 따라가는 일이 복음의전함이 해야 할 일의 전부였다.

⭐ 약함이 능력이다

복음의전함을 시작할 때 비슷한 단체의 사례들을 찾아보려 무척이나 애를 썼다. 기업을 운영할 때도 시행착오를 줄이고 발전 가능성을 높이려면 좋은 기업의 사례를 찾아 벤치마킹하는 일이 매우 중요하듯이 말이다.

그러나 우리나라를 비롯한 전 세계 어디에서도 복음의전함과 같은 성격의 단체를 찾아보기는 어려웠다. 적어도 내가 알기로는, 복음광고를 하는 개인들은 더러 있는데 한 단체가 전도 캠페인까지 진행하며 복음광고를 하는 사례는 찾아볼 수 없었다.

선례가 없다는 것은 막막한 일이었다. 이 단체가 앞으로 어떤 일을 해야 하고, 그 일을 어떻게 감당할지에 대한 그림을 그리기가 쉽지 않았다. 그렇게 복음의전함은 광고로 복음을 전하는 아무도 가지 않았던 길을 헤치며 여정을 시작했다.

그러나 갈 바를 알지 못해 헤맬 필요는 없었다. 하나님이 모세에게 애굽으로 가서 "백성을 구원하라" 하셨을 때 모세의 능력을 신뢰해서 그 명령을 하신 것이 아니었다. 주님을 사랑하고, 그 사랑함으로 순종할 사람을 인도하시는 이는 하나님이시기에 모세를 부르신 것이다.

광야에서도 지도나 내비게이션이 없는 것이 문제가 되지 않았던 것은 하나님이 계셨기 때문이었다. 복음의전함의 여정에도 매번 하나님이 새 길을 여셨다. 복음의전함 식구들은 하나님 나라 확장을 위해 모세처럼 선택하신 사람들이요, 광고라는 세상 올림픽에서 하나님 나라 국가대표로 출전한 유일한 선수들이었다. 그래서 나는 항상 "우리가 바로 이 분야의 대표선수다"라는 긍지와 자부심으로 사역에 임하자고도 말했다. 그러다보니 "혹 우리가 교체될 수도 있다"는 사실에 경각심을 느끼면서, 모든 걸 새롭게 헤쳐 나가야 하는 현실조차 감사로 받아들이며 뛰게도 되었다.

그러면서도 한편, 어쩔 수 없는 우리의 약함과 무지에 한숨이 나오는 순간도 많았다. 어떤 일이든 전부 처음 하는 일이다 보니 다음 사역에 대한 그림을 구체적으로 그릴 줄도 몰랐고, 그 사역을 해낼 능력이나 재원도 부족한 까닭이었다.

그러나 그것이 결국 복음의전함 사역을 가능케 함을 우리는 때마다 고백하게 되었다. 우리의 약함이나 무지야말로 하나님의 능력을 맛보게 한다는 걸 사역 현장은 우리에게 말해 주었다.

일례로 복음의전함 설립 3년 차부터 시작한 '6대주 광고선교 캠페인'이나 '대한민국을 전도하다' 캠페인을 벌일 때가 그랬다. 전 세계 6대주와 우리나라 전라도, 경상도, 제주도에 복음광고를 내걸고 전도지를 돌리는 광고선교 캠페인을 진행하려면 수많은 사람들과의 협력이 이루어져야 했다. 그런데 우리는 해당 지역에 아는 교회 하나, 목사님 한 분 없는 상태에서 캠페인을 시작했다. 준비 과정에서 겪은 막막함은 말로 표현할 수가 없었다.

그러나 사역을 위해 누군가와 만나야 할 때마다 상대를 전혀 알지 못하는 나의 무지함이야말로 하나님의 인도하심을 받는 통로가 되어 주었다. 내가 만나야 할 상대방에 대해 너무 잘 안다면 나는 그에게 만나자는 부탁조차 못할 사람이었다. 그가 얼마나 바쁘게 살아가는지를 다 안다면 시간을 내 달라는 부탁을 어떻게 하겠는가? 그러나 상대를 모르기에 나는 그저 '만나고 싶다'는 뜻을 전달할 뿐, 하나님께서 보실 때 필요하다 여기시면 만남이 성사되곤 했다.

그런 면에서 우리의 막막함은 더 이상 한숨거리가 되지 않았다. 주님의 영역만 남아 있다는 것은 불안과 동시에 언제나 평안을 주었기 때문이다. 내가 할 수 있는 것이 아니라 하나님께서 열어 주시겠다는 뜻이니까 말이다.

★ 우리는 꿈꾸는 심부름꾼

복음의전함을 설립한 다음 해 1월부터 우리는 1차 복음광고를 집행했다. 몇 차례에 걸쳐 신문광고를 냈고 이후 지하철 와이드 및 차량 내 액자광고, 대형마트

카트광고 등을 냈다.

다양한 매체에 유료광고를 실었던 것은, 여러 이유로 하나님을 잊고 사는 사람들과 아직 하나님을 알지 못하는 수많은 사람들이 일상 속에서 하나님을 떠올리길 바라는 마음 때문이었다. 매일 운전하며 지나치는 올림픽 대로변의 옥외광고에서, 출근 후 펼쳐든 신문의 전면 광고에서, 외근을 위해 탄 지하철 광고에서, 그리고 장을 보러 간 할인마트의 카트광고에서 그들이 복음광고를 접하고 그때마다 어릴 적 크리스마스 때 갔던 교회의 따뜻한 분위기도 떠올리고, 고사리 같은 손을 모아 기도드렸던 일들도 기억했으면 했다. 하나님을 외면하는 강퍅한 마음에 그런 자극들이 계속 가해진다면 언젠가 하나님의 사랑을 깨닫게 되리라 소망했다.

우리는 그 소망을 안고 서울시내 버스정류장 30여 곳에도 복음광고를 실었다. 버스를 기다리는 동안 광고를 보다가 살아 계신 하나님을 만나는 기적이 나타나길 바라는 마음이었다.

그런데 그 광고를 집행한 지 얼마 안 된 시점에, 전남 고흥에 사신다는 할머니로부터 전화가 왔다. 직원이 거의 없던 초창기 때라 내가 직접 그 전화를 받았다.

할머니의 목소리에 흥분한 기색이 묻어났다. 서울에 왔다가 버스쉘터(버스정류장) 광고를 보셨다는 할머니는 "너무 좋더라고요"라는 말씀부터 하셨다. 그러더니 뜻밖의 선물을 안겨 주셨다.

"거기서 참 귀한 일 하시는데 내가 한 달에 만 원씩 후원하겠습니다."

복음의전함이 설립된 이래, 직접 전화를 걸어 후원을 약속하신 분은 그분이 처음이었다. 기적 같았다. 복음광고의 개념조차 낯설어하는 시점에 자발적으로 매월 만 원을 정기후원하시겠다니. 과부의 귀하디 귀한 두 렙돈을 받는 것 같아 코끝이 찡했다. 이 할머니 같은 분들을 통해 복음의전함이 앞으로 세워지겠다는 예감도 들었다.

할머니는 그 말씀을 하신 뒤 전화를 끊으며 한마디 덧붙이셨다.

"그런데 우리 동네는 사람이 많이 살지 않는 작은 동네인데, 혹시 여기도 그런 광고를 할 날이 올까요?"

할머니는 당신이 사시는 작은 마을에도 복음광고가 실렸으면 하셨다. 나도 같은 마음이었다. 전국 방방곡곡에 복음광고가 다 세워진다면 얼마나 좋을까? 그러나 광고를 하려면 비용이 발생하는 까닭에 가성비를 따지지 않을 수가 없다. 더 많은 사람들이 모이는 곳 위주로 할 수밖에 없는 게 광고였다. 할머니가 사는 조그만 동네까지 복음광고를 하려면 수많은 사람들의 헌신과 동역이 이어져야 했다.

나는 할머니의 요청을 들으며 그럴 날이 속히 오기를 간절히 바랐다. 그날이 빨리 와서 전국 어디에서나 수많은 사람들이 다양한 모습으로 예수님을 만나게 되길 소원했다.

그러면서 알게 됐다. 내가 누구이고, 복음의전함이 앞으로 무얼 해야 하는 단체인지를.

심부름꾼! 우리는 하나님의 심부름꾼이었다. 하나님의 뜻을 따라 하나님의 일을 행하는 심부름꾼이 복음의전함이었다. 아무리 작은 동네라도 하나님이 가라 하시면 가는 것이 심부름꾼이니, 하나님이 할머니의 마음을 아셔서라도 그 동네에 심부름을 보내 주시지 않겠는가.

이 사실을 상기하니 나는 문득, 어쩌다 한 번 차는 고급시계 말고 내 손에 편해서 자주 차고 다니는 손목시계가 떠올랐다. 그 시계처럼 복음의전함도 하나님 손목에 편하게 차여 자주 쓰임받는 단체였으면, 하는 마음이 들었다. 예수님의 말씀에 귀 기울이고 있다가 뭘 사오라 하시면 사오고, 빨리 갔다 오라 하시면 민첩하게 다녀오는 복음의 심부름꾼 말이다. 그런 삶을 살 수 있다면 얼마나 복되고 행복한 일이겠는가.

그래서 나는 잠시 눈을 감고 감사 기도를 드렸다. 앞으로 어떤 경우에든 하나님께서 말씀하시면 발 빠르게 행하고 멈추라 하시면 그대로 멈추는 심부름꾼이 되기를 꿈꾸었다. 나는 하나님의 능하신 손 안에서 그분이 편하게 쓰시는 복음의 심부름꾼이 되고 싶었다.

★ 하나님의 빅 피처

복음의전함을 시작하며 나는 종종 다음처럼 중얼거렸다.

'하나님께서 시작하셨으니 하나님께서 이루실 거다.'

그러면서도 한편, 하나님께서 어떤 방식으로 그분의 일을 이루실지에 대한 명확한 그림이 없어 답답한 심정이었다. 그런 내게 하나님께서는 '동역을 통한 연합'이라는 퍼즐을 주셨다.

하나님은 한 사람이나 한 단체를 통해 모든 일이 이루어지는 걸 원치 않으시는 듯했다. 마치 천 피스, 만 피스의 퍼즐을 맞추듯 수많은 사람들의 달란트와 힘을 모아 일을 이루심으로, 서로의 존재를 고마워하고 그 일을 행하신 하나님께만 모든 영광을 돌리기 원하시는 것 같았다.

복음의전함에 이어진 수많은 동역자들과의 만남에는 그와 같은 하나님의 섭리가 담겨 있었다. 지난 세월, 우리 믿음의 분량을 따라 한 사람, 한 단체, 한 대륙과 연결되며 하나씩 일이 이루어졌던 역사는 그걸 반증해 준다.

동역의 첫 끈을 잡아 주신 분은 내가 섬기는 새중앙교회의 담임이신 황덕영 목사님이었다. 복음의전함 사역과 비전, 방향을 잡아 나가는 모든 구체적인 과정 속에서 목사님의 여러 조언과 지도는 바르고도 좋은 지침이 되어 주었다. 목사님은 복음의전함 사역에 직접 참여하기도 하셨다. 2020년 2월부터 진행한 6대주 광고선교 캠페인의 마지막 대륙인 아프리카 전도 사역이 그 한 예였다. 당시 우리는 남아프리카공화국 하우텡에 복음광고를 집행하고 거리전도를 진행하는 계획을 갖고 있었다. 기도해 주시는 것만도 감사한데, 목사님은 예정되었던 스케줄까지 재조정하며 전도 현장에 직접 참여해 아프리카 사역의 퍼즐을 맞추는 한 분이 되어 주셨다.

당시 새중앙교회 부목사님이자 내가 속한 교구의 담당 사역자였던 조정현 목사님도 매주 월요일이면 쉼을 포기하고 복음의전함을 찾아와 전 직원 예배를 인도하며 이 길을 함께 가 주셨다. 사역을 하다 보면 감사한 일도 많지만 위기의 순간, 힘든 시간도 함께 찾아왔다. 그러나 그때마다 먼 길을 마다않고 찾아오시는 목사님 덕분에 복음의전함 직원들은 하나님께서 주시는 신선한 만나를 먹고 다시 달려 나갈 수 있었다. 그렇게 목사님은 복음의전함이 찾아온 고난으로 인해 방황하려는 순간마다 정말 중요한 게 무엇인지, 지금 우리가 치러야 할 영적 전쟁이 무엇인지를 가르치시며 사목으로서 바른 길로 인도해 주셨다. 그렇게 한 달에 네 번을 오가던 목사님은, 나중에 위례 쪽에 교회를 개척하신 이후로 매월 첫째 주에는 드림예배로, 셋째 주에는 말씀훈련으로 현재까지 6년간 우리와 동역 중이시다.

두 분 목사님을 일례로 들었지만, 이 외에도 많은 목회자와 평신도들이 다양한 방법을 통해 복음의전함의 손을 잡아 주셨다.

작은 교회들이 예수님을 전하려는 순수한 열정으로 한 사람의 동역자가 되어 주실 때의 고마움도 잊을 수 없다. 이름도 없이 핀 들꽃이지만 바라보면 위로가 되는 그런 존재들이었다. 힘이 들 때마다 그 아름답게 흐드러진 사랑의 손길을 기억하게 된다. 교회의 크기와 예수님을 향한 마음이 반드시 비례하는 것은 아님을 이들을 통해 깨달았다.

큰 교회는 우리가 생각지도 못한 부분까지 지원하며 꼭 필요한 도움을 주기도 했다.

온누리교회의 경우, 한국교회에 맞춤전도를 소개할 때마다 복음의전함 사역을 나눌 수 있도록 장을 마련해 주시는 일 등이 그것이었다.

우리가 복음광고를 하기 오래 전부터 '예수광고', '복음광고'를 최초로 시도했던 서울광염교회(담임목사 조현삼)도, 성숙한 동역의 지표를 우리에게 보여 준 고마운 교회다. 그 교회 부교역자들은 종종 우리 사무실로 직접 찾아왔다. 함께 마음을 나누는 것만으로도 충분한데 빈손으로 오는 법이 없었다. 낡은 컴퓨터와 마이크, 카메라가 마음에 걸렸던 탓이다. 결혼한 딸네 냉장고를 채워 넣는 친정 엄마 같았다. "왜 이런 걸 보내셨어요?"라고 물으면 언제나 대답은 같았다.

"더 좋은 기계로 더 좋은 복음광고 콘텐츠를 만들어 주셨으면 해서요."

2019년 부활절을 지나며 서울광염교회에서 한 가지 제안을 보내 왔다.

"국내 주요 신문에 예수님의 광고를 내고 싶습니다."

광고비를 후원할 테니 광고를 제작해 게재해 달라면서, 한 가지 조건을 걸었다. 후원하는 본인 교회 이름만은 절대로 매체에 밝히지 말아 달라는 것이었다. 교회 이름을 드러내지 않고 예수님만을 소개하고 싶은 진심이 느껴졌다.

그 귀한 동역 덕분에 우리는 부활절 복음광고를 제작해 조선일보, 중앙일보, 동아일보, 한국일보, 매일경제, 한겨레신문, 국민일보, 경향신문, 문화일보 등에 복음광고를 게재할 수 있었다. 그해 부활절에 우리 예수님은 자신만을 높이는 성도들과 교회 때문에 많이 행복하셨을 것 같다.

이렇듯 복음의전함의 모든 사역은 힘 있는 특정 개인이나 교단에 의해서가 아니라, 교단을 초월하고 규모를 넘어선 수많은 이들의 동역 속에 하나씩 이루어져 갔다. 그 속에서 하나님은 '한국교회의 연합'이라는 그분의 큰 그림을 그려 가고 계셨다.

★ 달란트를 드리는 사람들

　　복음광고를 시작하던 해, 우리는 광고에 등장할 연예인 모델을 찾기 위해 백방으로 뛰어다녔다. 비기독교인에게 다가가야 할 광고라는 점에서 일반인에게 친숙한 연예인이 등장하면 좋을 것 같아서였다.

　그러나 자원하는 모델을 찾기란 쉽지 않았다. 복음광고에 대한 개념이 지금보다 생소한 때이기도 했고 단체에 대한 신뢰성 여부도 아직 검증되지 않았던 초창기라 그럴 수밖에 없었다. 결국 우리는 돈을 들여 한 모델의 이미지를 렌탈하는 방식으로 첫 광고를 내야 했다.

　하지만 예수님을 전하기 위한 복음광고를, 수익이 들어오는 상업광고처럼 계속적으로 모델료를 지불하며 제작할 수는 없었다. 제작비를 조금이라도 절감해서 한 번이라도 더 광고가 실리도록 자원을 집중하는 일이 필요했다.

　그래서 우리는 공개적으로 복음광고 모델을 모집하기로 했다. 재능기부 형식으로 진행되는 오디션이라 자원할 연예인이 얼마나 될지 미지수였다.

　하지만 예상 외로 많은 이들이 응모하면서 당시 주다영이란 이름으로 활동하던 배우 주아름 씨가 첫 모델로 함께하게 되었다. 이후 복음광고 모델에 자원하는 연예인들의 발길은 끊이지 않고 이어졌다.

두 번째 바통을 받은 분은 아내운서 최선규 씨였다. 국내 릴레이 전도 캠페인인 '대한민국을 전도하다'를 시작할 때, 개그우먼 김지선 씨와 함께 워십콘서트 진행자로 섬겨 주었다.

그 뒤로 배우 윤유선, 가수 소향, 가수 박지헌, CCM 가수 공민영, 가수 공민지, 가수 엄정화, 가수 김신의, 개그맨 표인봉, 아나운서 김경란, 배우 박시은, 배우 진태현 씨 등이 복음광고 모델이 되어 주었다. 이분들의 촬영을 도맡아 준 황미나 사진작가도 자신의 재능을 하나님께 드리며 이 일을 가능케 해 준 일등공신이다.

이분들의 참여는 하나같이 자발적이고도 겸손했다. 고액의 모델료를 준다고 해도 모시기 쉽지 않은 분들임에도, 교통비조차 받지 않고 이 일에 동참하는 것은 물론, 때로는 자비까지 들여 가며 전도 현장에 적극 참여해 주었다.

더 놀라운 것은 이들의 한결같은 고백이다. 연예인이기 때문에 그동안은 자신을 브랜딩하고, 기업을 브랜딩하는 모델로 살았는데, 이제는 예수님을 브랜딩하고 알리는 일에 달란트를 사용할 수 있어서 너무 기쁘다며 오히려 우리에게 감사하다고 하기도 했다.

특히 초상권 사용을 흔쾌히 허락해 준 덕분에 그들의 사진을 신문이나 전철역 등의 복음광고뿐 아니라, 수많은 교회에서 쓰는 전도지에도 활용할 수 있게 되었다. 전도지는 많은 사람들에게 나누어 드린다는 성격상, 때론 전단지처럼 구겨져서 길거리에 버려지기도 한다. 그럼에도 불구하고 그들은 괜찮다고, "휴지에 제 얼굴이 새겨진들 어떻습니까?"라며 촬영에 임하곤 했다. 나는 낮아지고 버려지더라도 예수를 전할 수 있다면 기꺼이 그렇게 하겠다는 태도였다.

그들의 이와 같은 헌신은 미자립교회에서 결실로 맺어졌다. 들풀교회 맹완제 목사님으로부터 전도지 덕분에 등록 신자가 생겼다는 연락을 받은 적이 있었다. 사연인즉 복음의전함에서 지원받은 전도지를 놀이터에 있던 초등학생에게 줬는데 아이가 엄마에게 갖다 드렸고, 교회까지 찾아왔다는 얘기였다.

"아이 엄마가 그러시더라고요. 40년 사는 동안 전도지를 많이 받아 봤지만, 기존 전도지에는 교회 소개만 있을 뿐 예수님은 잘 안 보였었대요. 그런데 이 전도지는 다른 전도지와 다르게 예수님이 느껴졌대요. 친숙한 사람 얼굴이 있어서 버리지 않고 읽다 보니 '나를 사랑하신다'는 예수님을 본 거죠."

이 사례에서도 알 수 있듯, 자신의 달란트를 드린 분들의 헌신으로 한 영혼이 주님께 돌아올 수 있었다. 주님의 복음을 전하려는 전국의 교회들, 특히나 작은 교회들의 전도사역에 이분들의 참여가 실제적인 도움이 되어 준 것이다.

그래서 하나님은 이분들에게 자원하는 마음을 주셨던가 보다. 복음이 필요한 한 영혼을 만나 그들에게 예수의 생명을 건

네시려고 말이다.

★ 예수 안에서 우리 화목했네

복음의전함 설립 이듬해에 극동방송으로부터 연락을 받았다. 매일 드리는 임직원 예배에 와서 간증을 해 달라는 초대였다. 모든 게 처음이고 낯설던 시절이라, 긴장된 마음으로 아는 사람 하나 없는 극동방송으로 향했다. 그리고는 내게 주어진 20분 동안 개인 간증과 함께 복음의전함 사역을 간략하게 소개했다.

예배 후에 연세 지긋하신 한 분이 와서 말씀을 건네셨다. 극동방송 이사장이신 김장환 목사님이셨다. 목사님은 복음의전함 사역에 대해 "너무 좋다"는 격려를 아끼지 않으시더니 극동방송을 운영하면서 고민하시던 마음을 털어놓으셨다.

"내가 방송을 하면서 제일 고민 되었던 게 뭔지 알아요? 극동방송을 듣고 어떤 사람이 예수를 믿어야겠다는 생각이 막 들었다고 칩시다. 그러면 이 사람을 어떻게 케어할 것인가? 이 문제가 남는다는 거예요. 이런 분들이 급한 마음에 혼자 이단교회에 갈 수도 있거든요. 그렇게 되어선 안 된다는 거예요. 방송은 일방적으로 내보내지만 그것을 주워 담을 그릇이 없다면 방송의 의미가 퇴색될 테니까요."

무슨 말씀인지 이해가 갔다. 광고 역시 방송처럼 일방적으로 내보낸다는 점, 그리고 후속조치가 있어야 한다는 점에서 공통점을 지녔다. 우리가 내보내는 복음광고를 보고 누군가 예수를 믿게 된다면, 그 사람에 대한 후속 조치 역시 준비되어야 했다.

극동방송은 그런 여러 고민들에 대한 답을 찾아가는 데 많은 도움을 주었다. 이후 극동방송과 우리는 MOU 협약을 맺어 여러 사역을 함께하는 가운데 방송을 통한 복음광고 캠페인을 활발하게 펼치곤 했다. 특히나 그로부터 몇 년 후, 복음의전함에서 전라도, 경상도, 제주지역에 복음광고를 내걸고 거리전도를 진행할 때, 극동방송은 복음에 관심 보이는 이들과 일일이 전화 상담을 하다 예수님을 영접하게 하고 지역 교회로까지 연결하는 역할을 훌륭히 감당해 주었다.

극동방송뿐 아니라 CTS, CBS, CGNTV, GOODTV, C채널 또한 복음의전함 사역을 적극적으로 소개해 줬고, 국민일보에서는 복음의전함 3대 사역 중의 하나인 심플(心⁺, 하나님의 마음을 간결한 메시지와 이미지로 담아 엽서, 캘린더, SNS 등에 사용한 복음광고)을 캠페인의 일환으로 2020년까지 매월 미션라이프 1면에 소개했다.

지금은 많은 이들이 교회의 갈등과 분열을 염려하는 시대다. 특히나 개신교는 수많은 교단과 교파로 나뉘다 보니 분열

현상이 더욱 심해 보일 수밖에 없다. 이러한 때, 우리는 여러 단체와 동역하며 한 가지 사실을 발견했다. 어떤 특정 개인이나 집단의 이익, 혹은 개인의 정치적 소견이 아니라 오직 예수 복음을 외칠 때라야, 불가능해 보였던 '연합'이 가능해진다는 사실이다.

언론사들과의 동역은 이를 확인시켜 주었다. 극동방송을 비롯한 여러 기독 단체에서는 개인 고정민을 위해서나 복음의전함이란 단체를 위해 도움을 주는 게 아니었다. 그들의 예수를 향한 사랑, 예수를 전하려는 열정이 동역을 가능케 했고 연합을 이루게 했다.

오직 예수 안에서라면 하나 될 수 있고, 오직 예수 안에서라야 화목할 수 있음을 하나님은 그 많은 동역 관계 속에서 시종 우리에게 알려 주셨다.

★ 동역의 범위는 어디까지?

평소 나는 학구열이 많은 편은 아니었다. 그런데도 복음의전함을 시작할 무렵 MBA(경영학 석사과정)를 밟아야겠다는 생각에 연세대학교 경영대학원에 입학하게 되었다.

하나님께서 장기적이고도 특별한 계획을 갖고 계시다는 것을 알게 된 건 한참 뒤의 일이었다.

처음 만난 동기들 앞에서 나는 나를 이렇게 소개했다.

"저는 광고회사를 하다가 너무 많은 사람이 예수님에 대해 오해하는 걸 보고, 광고라는 매체를 통해 온전히 예수님을 전하고 싶어서 복음의전함이란 단체를 시작한 고정민이라고 합니다."

다양한 연령대, 다양한 직업을 가진 44명의 동기들은 기독교와 불교, 가톨릭, 무교에 이르기까지 종교도 다양하게 갖고 있었다. 그래서인지 첫인사에서부터 복음 어쩌고를 말하는 나의 말에 귀 기울이는 이는 아무도 없어 보였다.

하지만 시간이 지날수록 우리는 종교를 초월해 점점 가까운 사이가 되어 갔다. 일단은 동기들 모두가 좋은 성품의 사람들이라는 점, 그리고 '마케팅'이라는 공통 관심사로 모였다는 점에서 자연스럽게 어우러졌던 것 같다.

한번은 조별로 마케팅 기획안을 만들어야 하는 시간에 내가 한 가지 특이한 아이템을 냈다. 삼성이나 하이마트 등 어떤 특정 기업을 대상으로 기획안을 만드는 다른 조들과 달리, 우리 조는 '연대 MBA'를 마케팅해 보자고 제안한 것이다. 결과적으로 그 프로젝트는 핫이슈가 되어, 대학원 관계자들과 학장까지 와서 내가 하는 브리핑을 듣는 일이 벌어졌다. 그런 시간을 보내면서 나와 동기들 사이엔 더욱 끈끈한 유대감이 형성되어

갔다.

그 사이 나는, 예수님을 믿지 않는 동기들과 친해지려고 많은 노력을 기울이고 있었다. 그중 하나가 정말 피하고 싶은 술자리조차도 피하지 않고 어울리는 일이었다. 그러다 보니 술자리에 동석하면 동기 중 유일하게 술을 마시지 않는 내게 다음과 같은 말이 쏟아지기도 했다.

"야, 술도 예수님이 만드신 거 아니야? 그러니까 한잔 마셔도 돼."

그런 말을 자주 듣다 보니 나중에는 막걸리 대신 우유를 미리 준비해 따로 담아 놓고 마시며 동기들과 동질감을 유지했다.

동기들과 그렇게 어울리는 동안, 내 속에선 그들에게 뭐라도 주고 싶은 마음이 올라왔다. 그들을 정말 사랑했기 때문에 실은 내가 가장 사랑하는 그것, 예수님의 복음을 전하고 싶었다. 그래서인지 어느 부활주일을 앞두고는 수업을 듣다 말고 이런 생각이 들었다.

'아, 우리 동기들에게 계란을 줘야겠다.'

부활절을 앞두고 계란을 주면 예수님의 죽음과 부활에 대한 생각거리가 그들에게 제공될 수도 있을 터였다. 아내와 새벽까지 부활 달걀을 만들고, 다음날 오전 수업 시간에 동기들에게 그걸 나눠주었다. 맘속으로 한 사람 한 사람의 구원을 위해 뜨겁게 기도하면서….

그런 추억을 쌓으며 공부한 지 1년 쯤 지난 어느 날이었다. 그날 나는 동기들 몰래 기획한 프로젝트를 오픈할 계획이었다. 나는 떨리는 마음으로 동기들에게 복음의전함에서 냈던 첫 복음광고를 보여 주며 이런 제안을 했다.

"제가 2015년도에 이 광고를 자비를 들여 처음으로 냈습니다. 그런데 이 광고를 또 한 번 내려고 해요. 이번에는 특별히 우리 연세대 경영대학원 Executive MBA 6기 원우 전체가 후원해서 내는 광고였으면 합니다. 우리 44명 한 사람 한 사람이 광고후원자가 되어 복음광고를 내는 거예요."

여기까지 얘기하니 동기들의 눈이 휘둥그레졌다. 나는 하던 말을 계속 이어갔다.

"물론 우리 중에는 불교 신자도 있고 가톨릭 신자, 무교인 분도 있다는 거 압니다. 하지만 언젠가는 여러분 모두가 하나님을 만나게 되실 거라 저는 믿어요. 그러면 그때, 하나님께서 '그간 너 뭐했니?'라고 물으실 테고, '저도 제 물질을 조금 드려서 하나님을 전하는 데 동참했습니다'라고 한마디씩 하실 수 있길 바라며 이런 제안을 드립니다."

내 말을 들은 동기 중에는 '저 사람, 지금 무슨 엉뚱한 소리를 하나?' 싶은 이도 있었을 것이다. 그럼에도 나는 진심을 담아 이야기를 이어갔다. 동기들 이름 전체가 후원자로 적힌 광고지도 미리 제작해 보여 주었다.

"물론 광고비 전체를 제가 다 낼 수도 있습니다. 그러나 이번에는 크든 작든 한 사람도 빠짐없이 후원자로 참여해서 동기들 이름으로 광고를 했으면 하는 게 제 소원입니다. 만약 한 사람이라도 빠진다면 저는 이 광고를 내지 않겠습니다."

듣기에 따라선 내 말이 언짢게 들릴 수 있음을 나는 모르지 않았다. 그러나 나는 우리 동기들 모두가 구원의 대열에 동참하기를 바라는 그간의 내 기도와 소망을 그 광고 제안 속에 담아내려고 최선을 다했다.

내 진심이 통했던 것일까? 44명의 원우 모두가 흔쾌히 이 일에 동참해 주었다. 처음엔 듣고도 믿기지가 않았다. 떨리는 마음으로 말을 꺼낸 내 걱정이 무색할 만큼 모두가 얼마씩의 광고 후원금을 내어 광고비가 마련되었고, 그 결과 2015년 10월 14일 조선일보 17면 전면 광고에 "사랑한다면 눈을 감아 보세요"라는 복음광고를 낼 수 있었다.

기적 같은 일이었다. 그저 예수님이 하셨다고 밖에 말할 수 없는 '동역'과 '연합'이었다.

사랑한다면
눈을 감아 보세요

우리는 살면서 사랑한다는 말을 참 많이 듣고 많이 합니다
어떤 사람을 생각하고 아낀다는 표현이
사랑이기 때문이죠

그런데 알고 계세요?
사랑보다 더 깊고 깊은 표현이 바로
'사랑하는 사람을 위한 기도'라는 것을요

정말 사랑하세요?
그러면 조용히 눈을 감고
하나님께 기도해보세요

사랑한다는 한마디 말보다
더 많은 사랑이 돌아갈 겁니다

하나님은 사랑이십니다

복음의전함은 광고로 하나님의 사랑과 말씀을 전하는 비영리 단체입니다

포털사이트 검색창에 **복음의전함** ▼ 을 쳐보세요

본 광고는 ⓧ 연세대학교 **경영전문대학원 Executive MBA 6기** 원우들의 후원으로 제작, 집행되었습니다

Executive MBA 6기 원우 : 강혜진, 고정민, 고태규, 김경록, 김무전, 김성찬, 김수진, 김용호, 김윤성, 김중하, 김진무, 김태경, 나석출, 남윤성, 류춘길, 박기주, 박세완, 박주경, 박철승, 배기통, 서봉균, 서연선, 서흥표, 손진희, 신용훈, 안교강, 안명선, 안치용, 양성진, 유창우, 이기원, 이동우, 이재승, 이주민, 이태학, 임정화, 조유복, 최상기, 최재관, 최준영, 한혜정, 허 윤, 현미정, 홍성범

• 광고로 하나님을 전하는 일이 지속될 수 있도록 복음의전함의 후원자가 되어주세요   문의 및 후원신청 : **02-6673-0091**

▶▶ 2019. 10. 14. 조선일보 광고(연세대학교 MBA 원우 후원 집행)

76

내겐 너무 특별한 당신

　　대학원에서 공부하는 동안 교실 안과 밖에서 하나님의 일하심을 많이 목격했다. 그중에서도 가장 놀라운 건 예수님을 안 믿던 사람이 예수님을 믿게 되는 일이었다.

　그 첫 주자가 김태경이라는 동기였다. 본래 이 친구는 예수님께 무관심한 정도가 아니라 적극적으로 하나님을 부인하던 사람이었다. 그러다 대학원에 입학하기 얼마 전, 복음의전함이 낸 첫 광고(사랑한다면 눈을 감아 보세요)를 우연히 보게 되었고, 뭐라 표현 못 할 감동에 이끌린 채 눈을 감고 기도라는 걸 하게 되었다고 한다. 그리고 난생처음으로 하나님의 사랑, 하나님의 마음이 자신에게 밀려오는 걸 느끼게 되었다고 했다. 그리고 얼마 뒤에 같은 대학원, 같은 클래스에서 그 광고를 낸 나와 마주하게 되었으니 그를 향한 하나님의 계획이 무엇인지는 짐작이 가고도 남을 것이다.

　이후 이 친구는 분당우리교회(담임목사 이찬수)에 나가면서 예수님을 뜨겁게 만나는 은혜를 누렸다. 그 뒤로 복음의전함에 와서 간증도 하고, 복음광고를 통해 자신이 느꼈던 하나님의 사랑을 더 많은 이들이 느끼기를 바란다며 복음의전함의 든든한 후원자가 되어 주었다.

　이렇게 한 친구가 예수님을 만난 사건을 필두로, 우리 클래스에서는 예수님을 만나는 사람들이 하나둘씩 늘어났다. 정말 대학원에 입학하던 당시에는 생각지도 못했던 일들이 현실에서 하나둘 벌어지고 있었다.

심지어 졸업 학기에는, 우리 조에서 졸업논문 주제로 복음의전함을 택해 연구하고 발표하는 일도 생겼다. 종교가 다른 친구들 사이에서도 복음의전함이 연구해 볼 만한 단체로 여겨질 만큼, 예수님이 누구신지에 대해 궁금했다는 뜻이 아니었나 싶다.

그렇게 세상에서 만난 나의 동기들은 동역의 참 의미를 내게 또 한 번 일깨워 줬다는 점에서 내겐 특별한 동역자들이다. 그 시절, 아니 지금까지도 그들은 종교를 초월해 예수 안에서 연합하는 모습을 보여 준 고마운 사람들인 것이다. 동기들 전체가 조금씩 재원을 모아 복음광고를 낼 때도 그랬지만, 훗날 복음의전함이 미국 뉴욕에 대형 복음광고를 내걸 때도 그들은 자신의 달란트를 내놓으며 하나님의 일을 가능케 해 주었다.

그들 모두는 복음의전함 사역에 직간접적으로 동참하면서, 말도 안 된다고 여겼던 일들이 실제로 이루어지는 걸 본 사람들이다. 특히 그들은 지난 몇 년 동안, 불가능할 거라 여겼던 전 세계 6대주 광고선교 캠페인이 하나님의 은혜로 이루어지는 걸 눈으로 다 확인한 동역자들이다. 그렇다면 앞으로 그들

이 위대하신 하나님, 사랑의 예수님을 자신의 구원자로 만나
는 건 시간문제 아니겠는가.

▶▶ 'God is love' 옥외광고(주간, 뉴욕 타임스퀘어)

하나 되게 하는 복음 '

Union

뉴욕 타임스퀘어에 제 얼굴이 들어간 복음광고
가 올라간다는 말을 들었을 때 정말 꿈같았어요.
그리고 뉴욕에서 그 광고를 바라보는데 눈물이
났어요. 제 얼굴이 나온 사진이 타임스퀘어에 걸
려서가 아니라, 주님을 알리는 광고를 미국에서
할 수 있다는 것, 우리가 예수님을 전한다는 것
이 너무 감격스러웠던 것 같아요.

- 주아름(배우)

03

뉴욕에서 전하는
God is Love

★ 성령께서 주신 전략

설립 3년 차에 접어들던 2016년 초반, 복음의전함은 일간지에 복음광고를 몇 번 냈고, 버스쉘터 광고와 지하철역 광고까지 낸 상태였다. 그다음 복음의전함이 해야 할, 하나님께서 바라시는 일이 무엇인지에 대해 고민하던 시기였다.

개인적으로는 선교사 훈련차 말레이시아에 다녀온 뒤라, 이슬람 국가들에서 복음을 전할 수 없다는 사실에 고민이 많던 때였다. 동료들에게도 "공산국가도 아닌 나라에서 예수님의 '예' 자도 꺼낼 수가 없었습니다. 복음을 전하기가 너무 어렵네요"라며 안타까움을 전했다. 그러다 불쑥 이런 말이 튀어나왔다.

"그 나라 사람들도 여행차 외국에는 나가겠죠? 외국에서 길을 가다가 광고도 접할 테고. 그렇다면 외국 어딘가에 복음광고를 걸어 놓으면 어떨까요? 하나님이 하시면 그들이 여행하다가 예수님을 믿게 될지 어떻게 알겠어요?"

이야기를 나누다 보니 뜻밖의 아이디어가 떠올랐다. 복음의 전함의 복음광고를, 한국이 아닌 외국 어딘가에 거는 일이었다. 많은 사람이 여행을 가는 영향력 있는 곳에 복음광고를 걸면 어떨까 하는 기획이었다. 그들이 여행에 와서 복음을 듣고 다시 자신의 나라로 돌아가 복음을 전하게 되는 것을 꿈꾸게 된 것이다.

"만일 우리가 외국에 복음광고를 건다면 어디가 좋을까요?"

직원들은 즉각 같은 대답을 했다.

"그야 뭐, 당연히 뉴욕 아닐까요?"

그렇다. 전 세계 가장 많은 사람이 여행을 가는 곳, 그곳은 북아메리카에서는 미국 뉴욕, 아시아에서는 태국 시암이었다. 더구나 뉴욕은 광고에 대한 민감도가 가장 높은 곳이었다. 광고를 보려고 뉴욕으로 여행지를 잡는 사람들이 있을 정도이니까.

순간, 복음광고판이 내걸린 뉴욕 중심가로 수많은 사람이 지나가다가 "God is Love"라는 광고 문구를 보고 걸음을 멈춰 선 장면이 떠올랐다. 그 장면을 생각하니 답답함이 사라지고 설렘으로 가슴이 뛰기 시작했다.

"그래요? 그럼 뉴욕에 광고를 냅시다. 뉴욕에 해 보는 거예요." 동료들은 내가 정말 뉴욕에 광고를 내자고 말할 줄은 상상도 못 했다는 눈치였다. 나를 쳐다보는 눈들이 다들 동그래지더니 직원 중 하나가 이렇게 말했다.

"맨해튼에 광고를 낸다고요?"

또 다른 직원도 한마디 거들며 나를 만류했다.

"에이, 뉴욕에 광고한다면야 좋지요. 하지만 우리 현실을 보세요."

그는 복음의전함의 재정 상황을 말하고 있었다. 2014년 10월에 사단법인으로 설립된 이후 2016년도 초반에 이르는 동안, 우리 재정은 이미 바닥을 드러내고 있었다. 아직 복음의전함이 뭐 하는 단체인지 알려지지 않을 때라 후원금 유치 상황도 쉽지 않을 때였다. 그런 상태에서 이사장이란 사람이 광고료가 가장 비싸다는 뉴욕에 광고를 내건다고 하니 정신 나간 소리처럼 들릴 법도 했다.

그렇지만 용기를 내고 추진했다. 아무것도 없는 때였지만, 자유의 도시 뉴욕이야말로 하나님께서 가라 하시는, 우리의 다음 행선지라는 확신 속에 직원들을 설득했다.

★ 6대주 광고선교 캠페인의 시작

처음에는 일단 소박하게 걸음을 뗐다. 직원 중 한 사람이 뉴욕으로 건너가, 광고하기 좋은 곳을 찾다가 미국 브로드웨이 47번가에 있는 공중전화박스에 광고를 하게 됐다. 우리는 주아름 씨를 모델로 한, 영어로 번역된 복음광고를 공중전화박스에 내걸었다. 물론 그 일 역시 때를 따라 이어진 후원자의 헌신 덕에 이루어졌다.

광고가 나가자 흥미로운 소식들이 줄을 이었다. 광고를 본 사람들의 반응이 호의적이어서 폰 부스 주변에 현지인들이 모여 손을 잡고 기도했다는 내용이었다.

중요한 것은, 그때를 기점으로 복음의전함이 일대 전환기를 맞이했다는 점이다. 폰 부스 광고를 걸던 때에 직원 중 한 사람에게서 "드디어 광고선교 캠페인을 시작한다"라는 말이 나온 게 변화의 시작이었다. 그 말을 받은 다른 직원들 사이에서 "뉴욕에서만 이 일을 할 게 아니라 전 세계 6대주의 주요 도시에서 광고선교 캠페인을 벌이자"는 말들이 오가게 되었다.

그렇게 내부적으로 마음이 모이면서, 우리는 생각지도 못했던 '6대주 광고선교 캠페인'을 기획하기에 이르렀다. 대륙별로 한 도시를 택해 광고를 내걸고, 현지 한인교회와 연합해 동시 거리전도를 진행하며 복음의 붐을 일으키자는 캠페인이었다. 또한 이 일은 우리에게 있어서 하나님이 열방에 복음을 전하라 하신 명령에 순종하는 것이기도 했다.

지금 돌아봐도, 전 세계 총 여섯 개의 대륙에서 6회에 걸쳐 진행하자는 6대주 광고선교 캠페인은 우리 머릿속에서 나온 기획안이라 볼 수 없다. 우리의 계산으로는 도저히 감당할 수 없는 대규모 기획이었기 때문이다. 하나님께서는 그걸 아시고 기획부터 실행까지, 모든 걸 순식간에, 친히 몰아가시며 그분의 일을 이루셨다.

우리는 총 6회에 걸쳐 진행될 광고선교 캠페인을 기획하면서, 1차 지역으로 북아메리카 대륙을 선정했고 그중에서도 뉴욕에서 이를 실행하기로 했다. 전 세계에서 가장 많은 사람이 모이는 뉴욕이야말로 이 캠페인의 이정표가 되어 줄 거라는데 이견이 없었다. 뉴욕에 다시 한번 복음광고를 터트려서 정식으로 광고선교 캠페인을 출범하자고 결의를 다졌다.

그러나 막상 일을 추진하려니 어디서부터 어떻게 일을 진행해야 할지 막막했다. 어떤 광고 매체를 선정해야 할지부터 고민의 시작이었다.

뉴욕 브로드웨이 47번가 공중전화박스 광고를 진행할 때가 생각났다. 우리 광고 뒤에는 스타벅스의 대형 광고가 있었다. 크고 화려한 게 전부는 아니지만 더 많은 사람들의 시선이 모이려면 더 큰 광고판이 필요하다는 생각이 들었다. 크고 작음이 중요한 것은 아니지만 늘 가장 좋은 것으로 채워 주셨는데 지금의 광고가 우리가 드릴 최선의 것은 아니었던 것 같았다.

이에 따라 브로드웨이 43번가 지하철역 광고를 택했다. 그런데 문제가 생겼다. 광고가 걸리기 불과 일주일 전, 미국 뉴욕 시에서 갑자기 입장을 바꿔 광고 불허 통보를 보내온 것이다. 종교 색채가 너무 강해 광고를 허락해 줄 수 없으니 취소하라는 일방적인 통보였다.

말 그대로 청천벽력이었다. 뉴욕 한복판에서 길을 잃은 것이다. '이대로 돌아가라는 뜻이 아닐까?' 하는 마음이 들었지만 하나님이 이곳에 보내셨다는 확신이 변하지 않았다. 그런 우리가 할 수 있는 일은 하나였다. 열릴 때까지 모든 문을 두드리는 것. 그렇게 우여곡절 끝에 뉴욕 시의 허가를 받아야 하는 공공건물이 아닌 개인 소유의 매체를 찾아냈다. 수백만 명이 오가는 거리에 있는 뉴욕 맨해튼의 타임스퀘어 광고판이었다. 가로, 세로 14m의 대형 광고판을 보는 순간 "바로 여기였구나. 너무 좋다"라는 말이 절로 나왔다. 작은 지하철역 내부의 광고판이 타임스퀘어 한복판의 대형 광고판으로 바뀌는 순간이었다. 주님은 그렇게 더 좋은 자리로 복음광고를 옮기셨다.

매체가 확실해지자 이번엔 재정이 문제였다. 스케일이 커졌으니 광고비 역시 오르는 것이 당연한 일이었다. 뉴욕 맨해튼의 타임스퀘어에 복음광고를 내걸려면 현실적으로 수많은 후원자의 참여가 있어야만 했다.

솔직히 자신이 없었다. '이 일이 진짜 가능할까?'라는 인간적인 마음도 들었다. 섬기는 교회 앞도 아니고 자신이 사는 동네도 아니며 대한민국도 아닌 뉴욕 한복판에 세워지는 광고를 위해 얼마나 많은 사람이 헌신할까에 대한 확신이 서지 않았다.

순간 포기할까 싶었다. 그러나 고민 중에 갑자기 한 장면이 그려졌다. 언젠가 예수님께서 다시 오실 때 "정민아, 그때 그거 왜 안 했니?"라고 물으실 것 같았다.

그분께서 그렇게 물으실 때 "아, 그거요, 못할 거 같아서요"라는 믿음 없는 말을 드릴 수는 없을 것 같았다. 성경 말씀도 떠올랐다.

"만일 너희에게 믿음이 겨자씨 한 알만큼만 있어도 이 산을 명하여 여기서 저기로 옮겨지라 하면 옮겨질 것이요 또 너희가 못할 것이 없으리라"(마 17:20).

내게 큰 믿음은 없을지라도, 우리가 시작만 하면 하나님께서 하시리라는 겨자씨만 한 믿음은 있었다. 그렇다면 시작은 해 보자. 우리가 시작한다면 언제나 그랬듯 완성은 주님께서 해 주실 것이라는 어린아이 같은 믿음이었다.

뉴욕에서 1차 광고선교 캠페인을 시작하기로 결심이 서자, 이번엔 타이밍에 대해 고민했다. 예수님의 생일인 크리스마스 시즌과 사람들이 카운트다운을 하며 하늘을 올려다보는 연말

연시가 가장 좋을 듯했다. 하지만 그 골든 타임에 광고가 비어 있을지는 미지수였다. 모두가 원하는 시간이었으니까. 그런데 가장 간절한 건 주님이셨던 것 같다. 우리가 계약하려 한 그 자리만 12월에서 1월 사이 예약이 비어 있었다. 광고 성수기에 가장 핫한 자리가 비어 있다는 건 주님이 미리 찜해 놓으셨다고 밖에 설명되지 않았다. 서둘러 계약을 맺어야 한다는 마음이 간절했다.

그러나 3만 불 가까이 되는 계약금이 발목을 잡았다. '어떡하지?' 잠시 고민하는데 큰아들에게 보내 주려고 달러로 바꿔 놓은 3만 불이 떠올랐다.

초등학교 4학년 때부터 유학 중이었던 아들은 그때 막 대학에 입학하려던 참이었다. 복음의전함을 시작하며 아들에게 유학자금을 계속 지원 못 할 수도 있다는 생각에, 대학 한 해 등록금만큼은 마련해 주자며 챙겨 놓았던 돈이었다. 순간 떼를 쓰듯 하나님께 말씀드렸다.

"하나님, 이 돈 어떤 돈인지 아시죠? 큰아이 학비입니다. 제가 지금 이걸 드리면 아이는 유학을 접고 한국에 돌아와야 할지도 모릅니다."

그렇게 기도한 후 타임스퀘어 광고판에 계약 사인을 했다. 그런데 놀랍게도 그때부터 재정 문제가 해결되기 시작했다. 전에 한 번도 만나 보지도 못했던 분들, 우리와 일면식도 없었던 수많은 분이 어디서 소식을 들었는지 뉴욕 복음광고 집행을 위해 십시일반 후원금을 보내 주셨다. 2억 원 정도 되는 후원금이 모였다. 딱 필요한 금액이었다. "네 입을 크게 열라 내가 채우리라"(시 81:10)는 말씀이 우리에게 이루어지고 있었다.

큰아들에 대한 기도도 응답되었다. 그해 아들은 장학금을 받아 학교를 다닐 수 있게 되었다.

★ 그날 밤, 누가 우리를 움직였을까

'6대주 광고선교 캠페인'의 목적은 복음광고를 하는 데만 있지 않았다. 첫 번째가 복음광고 집행이라면 두 번째는 현지교회와 함께하는 동시 거리전도였다. 복음광고가 내걸리는 날, 교회들이 연합해 거리전도를 진행함으로 복음의 확장을 꾀하는 게 우리의 궁극적 모델이었다.

그 준비에서 가장 중요한 건 복음광고가 올라가기 전, 현지 한인교회를 찾아 취지를 설명하고 전도에 동참하도록 독려하는 일이었다.

그러나 광고 계약까지 체결했으면서도 그 일을 위해 미국으로 향하는 내 마음 안엔 두려움이 일었다. 사실 가서 누구를 만나야 할지, 교회가 과연 이 일에 얼마만큼 협조해 줄지에 대해 아무것도 확신할 수 없는 상황이었기 때문이다.

갈 바를 알지 못한 채 미국행 비행기에 몸을 실었다. 14시간 동안 비행기를 타고 가면서 하나님께 응석도 부려 봤다.

'하나님, 정상이 보이지 않는 산을 오르는 기분입니다. 바위 하나 넘으니 또 막다른 길이 나타났습니다. 너무 막막합니다. 동역할 교회 하나 정해진 곳이 없는데 제가 미국에 가서 무엇을 해야 할까요?'

세상일이란 모든 계획을 다 세우고, 될 일인지 안 될 일인지 하나하나 다 따져 보고 진행하는데 우리는 무작정 광고 매체부터 계약해 놓고 동역하는 교회를 찾겠다고 뉴욕으로 가는 것이었다.

그러던 중 지인의 추천으로 뉴저지 초대교회 오명찬 부목사님을 만나게 됐다. 처음 뵙는 목사님께 복음의전함과 6대주 광고선교 캠페인에 대해 설명해 드렸다. 그런데 그때 옆에 앉아 설명을 함께 듣던 한 분이 이런 얘기를 건네셨다.

"며칠 후 뉴욕과 뉴저지에 있는 큰 교회 목사님들과 장로님들이 KPM이라는 선교회 이사회를 엽니다. 거기서 그 얘기를 해 보세요. 시간은 5분 정도 드릴 수 있습니다."

5분이면 많은 얘기는 할 수 없는 시간이었다. 그러나 뉴욕의 주요 교회가 모이는 자리에서 5분을 준다는 게 어딘가. 단 하나의 교회도 모르는 상태로 미국까지 왔는데, 한번에 많은 교회를 만날 수 있다는 것만으로도 감지덕지했다.

감사 인사를 드린 후 그 5분을 위해 며칠을 준비했다. 만나기로 한 당일에는 다른 일정을 본 후 이사회로 가기 위해 일찌감치 길을 나섰다.

그런데 이럴 수가! 이사회로 가는 길이 사고 차량으로 꽉 막혀 제시간에 갈 수 없는 상황이 되고 말았다. 이사회가 시작되는 첫 5분이 우리에게 주어진 유일한 시간인데 그 시간을 도저히 맞출 수 없게 된 것이다. 이사회에 전화를 드려 사정을 알렸다. 약속된 시간인 7시까지 갈 수가 없다는 것, 그래서 약속하신 그 5분을 주지 않으셔도 되지만, 늦더라도 그 자리에 꼭 참석하려 한다고 말씀드렸다.

일을 처리하고 마음을 태우며 이사회에 도착해 보니 시간은 8시가 다 되어 있었다. 무려 1시간이나 늦은 것이다. 그런데 웬일인지 그쪽에서도 나를 기다린 양 회의도 시작하지 않은 상태였고, 내게 먼저 얘기를 하라고 하셨다.

단상 위에 올라 말을 뗐다.

"제가 여러분들을 다시 뵐 일이 없을 것 같아서요. 조금 더 시간을 쓰겠습니다."

미국 뉴욕에서 열리는 6대주 광고선교 캠페인에 대한 요지를 알리다 보니 5분이 아닌 30분이나 쓰고 말았다.

"저는 뉴욕과 뉴저지에 아는 교회도 없고, 아는 사람도 없습니다. 그런데도 제가 여기에 온 건 한국에서 복음을 위해 이름도 없이 빛도 없이 후원금을 보내 준 이들 때문입니다. 그분들은 재정으로는 풍족할지 몰라도 영적으로는 많이 무너져 있는 뉴욕과 뉴저지에 복음광고를 세우려고 십시일반 후원금을 보내왔습니다. 전도지도 10만 장이나 만들어 갖고 왔습니다. 그런데 복음광고가 세워지는 날 이 전도지를 들고 거리전도에 나갈 사람을 아직 찾지 못했습니다. 저는 이곳에 계신 목사님들과 성도님들이 그날 타임스퀘어 거리에 나와 주셨으면 좋겠습니다."

대략 이런 이야기를 드리고 숙소로 돌아왔다. 방 안에 멍하니 앉아 있으려니 배에서 꼬르륵 소리가 났다. 시간을 보니 밤 11시 30분이었다. 그제야 저녁을 안 먹었다는 사실이 떠올라 김치찌개라도 먹으려고 식당으로 향했다. 하지만 찌개를 받아 앉고서도 밥을 넘길 수가 없었다. 목이 멤과 동시에 밥알 위로 눈물이 툭 떨어졌다.

그렇게 밥을 먹는 둥 마는 둥 하고 숙소로 돌아가 샤워를 마치니 전화벨이 울렸다. 나를 이사회에 불러 주신 목사님이었다. 야단을 들으리란 생각에 조심스레 전화를 받았다. 그러나 목사님은 내 예상을 완전히 벗어난 말씀을 해 주셨다.

내가 나간 뒤 이사회에선 교회가 연합해 거리전도에 나서야 하지 않겠냐는 얘기를 하다가 헤어졌다고 했다. 이 일이야말로 우리가 나서서 해야 할 일이라는 데에 모든 교회가 뜻을 모았다는 것이다.

여호와이레 하나님을 찬양하지 않을 수 없었다. 하나님께서 하시니 일은 그렇게 순식간에 이루어졌다. 한인교회들이 한마음으로 연합해 뉴욕 한복판에서 복음을 전하는 일이 드디어 성사된 것이다. 만날 사람 하나 없다고 주저앉아 불평하던 내 걸음을 옮기신 주님이 모든 순간에 일하셨다는 걸 확인하는 순간이었다.

★ 어메이징 여호와이레

그 이후 우리는 몇 교회에서 연합예배를 드리며 연합 거리전도를 준비했다. 그러던 중 광고가 세워지기 전날, 뉴저지 필그림교회에서 예배를 드리는데 양춘길 목사님이 갑자기 이런 광고를 하셨다.

"내일은 맨해튼에 복음광고가 걸리는 날입니다. 우리 모두 오후 12시까지 그곳에 모여 먼저 예배를 드리고 전도합시다."

그 광고 덕분에 모이는 시간은 12시로 정해졌고, 5개 국어로 번역된 전도지를 함께 돌릴 동역자들도 준비되었다.

드디어 D-Day! 눈을 뜨자마자 복음의전함 일행은 설레는 마음을 안고 아침 일찍 광고가 걸릴 장소로 달려갔다. 그런데 이게 또 웬일인가? 예정된 오전 7시가 지났음에도 광고판에는 우리의 복음광고가 내걸리지 않은 채 예전 광고만 걸려 있는 게 아닌가. 급하게 사정을 알아보니 새벽부터 내리던 비 때문에 광고 판의 광고를 교체할 인부들이 모였다가 퇴근해 버렸다고 했다. 더구나 그들은 비가 오는 등의 위험 상황에서 일을 안 한다는 원칙상, 한 번 퇴근하면 다시 돌아와 일할 가능성이 희박했다.

정오부터는 뉴욕 현지에 있는 한인교회 성도들이 모여 예배를 드리고 전도지를 돌리기로 약속된 상태라, 어떻게든 때를 맞춰 복음광고를 올려야만 했다. 극동방송과 국민일보 등 한국의 언론사에서도 촬영하러 오기로 약속되어 있었다.

'이제라도 빨리 설치해야 하는데, 누가 이 일을 해결해 줄까?'

어찌할 바를 몰라 우왕좌왕하던 우리는, 복음의전함 동역자들과 후원자들에게 먼저 상황을 알리며 기도를 요청했다. 주님은 이번에도 딱 맞는 타이밍에, 그러나 전혀 의외의 방법으로 응답하셨다. 하나님은 연대 MBA에서 함께 공부했던 서봉균(전 골드만삭스 한국 대표) 원우를 준비해 두셨다. 금융계에 종사하는 형에게 전화를 하자, 그는 증권거래소에 일이 있어 맨해튼에 와 있다고 했다. 아, 이 순간에 맨해튼이라니…. 정말이지 소름이 돋을 정도로 놀라운 일이었다. 내가 아는 한, 그 형만큼 현지 사정에 밝고 영어를 잘하며 복음의전함 사역의 절박함에 대해 이해하는 사람이 없었다.

나중에 안 일이지만, 통화를 끊고 난 후 그는 광고매체사에 열일곱 번이나 전화했다고 한다. 오늘 중으로 이 광고가 반드시 걸려야 한다는 것, 그러기 위해 만약 추가 비용이 발생한다면 자신이 지불하겠다는 내용도 긴박하게 전했다.

현장에 있던 나는 그런 사실도 모른 채 발을 동동 구르며 기도할 뿐이었다. 결국, 그의 움직임과 우리 모두의 기도에 하나님은 응답하셨다. 안 나오겠다던 인부들이 다시 나와서 설치를 시작하더니 예배를 드리기로 한 오후 12시에 광고가 걸리게 되었다.

2016년 12월 5일 오후 12시, 정오의 따스하고 찬란한 햇살이 우리 위를 비추었고 그 아래에서 우리는 광고판 문구를 올려다보며 감격에 젖었다.

God is love

and he DOES

listen to prayers.

Pray for your loved ones.

Prayer can be a powerful gift.

사랑한다면 눈을 감고 기도해 보세요.

사랑한다는 한마디 말보다

더 많은 사랑이 돌아갈 겁니다.

하나님은 사랑이십니다.

우리는 두 손을 모아 하나님께 감사의 기도를 드리고 영어, 한국어, 일본어, 중국어, 스페인어로 된 전도지를 들고 거리전도에 나섰다. 전도지를 받아 든 이들이 "이게 뭐냐?"고 물을 때마다 우리는 손을 들어 광고판을 가리켰다.

이와 같은 거리전도는 그 후 두 달 동안 주말마다 이어졌다. 뉴저지초대교회, 퀸즈한인교회를 비롯해 맨해튼 거리전도 단체인 JCW와 맨해튼한인교회 CMC 등과 여러 교회와 단체에서 남녀노소 150여 명이 참여해 전도지를 배포했다. 두 달 동안 총 천여 명의 인원이 거리전도에 참여했다. 그때 어떤 분은, 이렇게 많은 한인교회가 한자리에 모여 전도하는 것은 40년 만에 처음이라며, 연합을 통해 일하시는 하나님께 영광을 돌렸다.

그와 같은 거리전도 행렬은 또 다른 동네로도 이어졌다. 한참 맨해튼에서 이 일이 벌어질 때 애틀랜타에서 여행을 온 한 한국인이, 자신이 사는 지역에서도 이런 일을 하고 싶다고 뜻을 밝히면서 벌어진 일이었다. 그는 미주판 중앙일보와 한국일보에 복음광고를 냈고 거리전도 운동도 펼치고 싶다는 마음을 전해 왔다. 그 뜻을 따라 우리는 전도지 7만 장을 애틀랜타에 보냈고, 그 지역 한인교회와 홈리스를 중심으로 거리전도 운동이 일어나게 되었다.

▶▶ 'God is love' 옥외광고(야간, 뉴욕 타임스퀘어)

태국은 불교 국가잖아요. 아직 복음이 제대로 들어가지 않은 복음의 불모지와 같은 그 땅에서 제가 밀알이 되어 쓰일 수 있었다는 건 정말 너무 감사한 일인 것 같아요. 제게도 영광이었습니다. 태국 사람들이 예수님을 그리스도로 아는 그날까지 우리가 쉬지 않았으면 좋겠습니다.

- 최선규(아나운서)

04

기도는
아시아에 기적을 만든다

★ 닫힌 문을 여는 기도

　　뉴욕 일정을 마치자마자 우리의 눈은 아시아의 태국, 그중에서도 방콕의 중심 시암으로 향했다. 태국에서 가장 번화가이면서 서양인들이 가장 많이 찾는 동양의 도시다.

　우리는 그곳에서 2차 광고선교 캠페인을 진행할 계획이었다. 그러나 태국에서의 사역은 출발부터가 어려웠다. 태국이 불교국가라 기독교 광고 자체를 허락할 수 없다는 통보가 날아온 것이다.

　여기선 안 되겠구나 싶어 나는 1분도 생각하지 않고 직원들에게 홍콩이나 싱가포르 쪽을 알아보자고 했다. 거기는 적어도 불교국가가 아니니 광고 자체를 불허하는 일은 없을 거라는 판단에서였다. 그때 한 직원이 이런 말을 했다.

"지금이 태국을 위해서 기도해야 할 때는 아닐까요? 하나님이 하신다면 그 일은 이뤄질 테고, 우리가 할 일은 기도라고 생각해요."

그 말을 듣는 즉시 마음속에서 '아, 그렇지!'라는 탄성이 절로 나왔다. 전도의 문을 여는 열쇠는 전적으로 하나님께 있지 않은가. 가려는 문이 닫혔다고 해서 다른 곳으로 향할 것이 아니라, 복음의 문을 여실 하나님을 기대하며 기도하는 것이 먼저였다. 하나님은 우리의 생각을 따라 방향을 바꾸시는 분이 아니라, 우리에게 하나님의 능력을 신뢰하는 법을 가르치셨다.

우리는 그때부터 모두 합심하여 기도하기 시작했다. 차츰 우리에겐 두려움이 사라졌고, 담대하게 태국 정부를 설득하기 시작했다.

"주여 이제도 그들의 위협함을 굽어보시옵고 또 종들로 하여금 담대히 하나님의 말씀을 전하게 하여 주시오며 손을 내밀어 병을 낫게 하시옵고 표적과 기사가 거룩한 종 예수의 이름으로 이루어지게 하옵소서 하더라 빌기를 다하매 모인 곳이 진동하더니 무리가 다 성령이 충만하여 담대히 하나님의 말씀을 전하니라"(행 4:29~31).

생각해 보면, 우리는 이미 비슷한 싸움을 몇 번 치른 사람들이었다. 복음의전함 초창기에 국내 마트에서 복음광고를 할 때부터 그랬다. 당시 우리는 종교나 정치 광고는 허락할 수 없다는 마트 측의 통보에 복음광고 게재를 거절당했지만, 계속 설명하고 설득한 끝에 카트광고 게재를 허락받을 수 있었다.

태국은 공식적인 불교국가라, 그와 같은 영적 방해가 더하면 더했지 덜하진 않을 것이었다. 그래서 하나님은 한 직원의 입을 통해 기도로 이 일을 진행하도록 이끌고 계셨다. 한 영혼뿐 아니라 한 나라에 복음이 들어가도록 그 문을 여는 능력은 하나님께 있음을 기도를 통해 보여 주고 계셨다.

★ 불교 국가에 일어난 하나님의 기적

기도는 이내 응답되었다. "태국 어디에서도 복음광고는 절대 불허한다"라는 태국의 입장이 바뀌면서 마침내 시암의 지하철역 스크린도어에 광고를 내도 된다는 허락이 떨어졌다. 기적이었다. 400년 동안 불교 국가이고, 국민의 95%가 불교인 태국의 수도 방콕 한복판에서 예수님이 그리스도라는 메시지를 선포하게 된 것이었다.

이 기쁜 소식을 SNS에 공유하며 태국 땅에서의 2차 광고선교 캠페인이 잘 이뤄지도록 마음을 모아 달라는 진심을 전했다.

얼마 후 연대 MBA 원우 최상기라는 동생에게서 전화가 왔다.

"형, 나는 늘 불교국가인 태국에도 언젠가는 예수님이 전해질 날이 오겠지, 라고 생각하며 기도해 왔어. 그런데 마침 복음의전함에서 그런 일을 한다니까 너무 좋아. 아주 조금이지만 태국 바트화로 바꿔서 후원금을 보낼게."

2차 광고선교 캠페인에 필요한 금액이 아직 채워지지 않았던 상황에 받은 연락이었다. 그가 보내온 후원금은 딱 우리가 필요로 했던 만큼의 액수였다. 이 일을 기뻐하시는 하나님의 마음까지 전달되어 감사가 더했다.

그리하여 2017년 5월 1일부터 5월 31일까지, 태국에서 총 4주 동안 복음광고가 내걸렸다. 아마도 개국 이래 태국 땅에서 기독교 메시지가 담긴 광고가 걸리기는 그때가 처음이었을 것이다. 광고는 시암역, 터미널21역 등 총 5개 역 60기 구

간에서 이루어졌다. CCM 가수 공민영, 가수 박지헌, 배우 주아름, 아나운서 최선규 씨의 기도하는 모습이 태국 지하철역 곳곳을 덮었다.

지하철역 안에서는 전도를 못 한다는 태국의 원칙에 따라 광고가 보이는 지하철역 입구에서 거리전도가 진행되었다. 지하철을 타기 위해 역내로 들어가거나 나오는 사람들, 거리를 지나다니는 사람들에게 전도지를 나눠주었다. 우리가 준비해 간 전도지는 5만 부, 현지교회 성도들은 전도지를 직접 복사까지 하며 더 많은 사람들에게 복음을 전하고자 했다. 현지인들과 선교사님 400여 명이 매주 이 일에 참여했다. 한 달 간 진행된 이 캠페인을 통해 복음을 들을 사람은 약 400만 명이었다. 불교 국가 태국에 일어난 하나님의 기적이었다.

'사랑한다면 눈을 감아 보세요' 지하철역 광고(태국 방콕)

"우리가 웃을 수 있는 이유, GOD IS LOVE."
2017년 9월 18일부터 5주 동안 뉴질랜드 최대
상업 중심 도시 오클랜드 시내 한복판의 광고판
에 등장한 메시지였습니다. 오클랜드 온 성도들
을 웃게 하며 현지 성도들에게도 신선한 도전을
나누었던 소중한 순간들을 잊을 수 없습니다.

- 남우택 목사(오클랜드 한우리교회)

"오, 하나님! 나의 마음이 예수님의 마음으로 바
뀌었어요." 50대 에버리진의 입술에서 나온 고
백입니다. 무심코 받아든 전도지 한 장에서 읽은
복음광고 카피와 뒷면의 복음 메시지를 통해 그
는 예수님을 믿게 되었습니다. 어릴 적, 주님을
영접했지만 주님을 떠나 어둠의 세계에서 살던
한 영혼이 주님께 돌아오던 순간이었습니다.

- 송상구 목사(시드니 예일교회)

05

오세아니아에
사랑이 흐르게 하라

⭐ 긴급한 하나님의 초청

종교개혁 500주년을 맞아 광고선교 캠페인 3차 지역은 유럽으로 결정하고 준비를 시작했다. 그러나 아시아로 가려던 바울을 막으셨던 것처럼 하나님은 우리의 걸음을 다른 곳으로 옮기셨다. 오세아니아였다.

하나님은 뉴질랜드에 사는 친누나를 통해 오세아니아의 소식을 들려주셨다.

"설교를 듣고 있었는데, 우리 교회 담임 목사님이 복음의전함 사역과 비슷한 얘기를 하시더라."

누나가 말한 분은 뉴질랜드 한우리교회 남우택 목사님이셨다. 그 당시 남 목사님은 태국에 계셨다. 다른 나라로 이동하기 전 하루 동안 한국에 머물게 되는데 그때 우리를 만나시겠다고 했다. 1시간이라는 짧은 시간이었지만 우리는 오세아니아에서 펼쳐질 캠페인에 대해 함께 나누며 같은 꿈을 꾸기 시작했다. 그날의 만남은 광고선교 캠페인 3차 오세아니아 편의 시작이었다.

오세아니아 대륙은 오스트레일리아(호주)와 뉴질랜드라는 두 개의 큰 섬을 중심으로 태평양의 크고 작은 섬들로 이루어진 곳이다. 그 때문에 호주나 뉴질랜드 어디에서 캠페인을 한들 오세아니아 전체를 대표하는 느낌이 적을 수밖에 없었다.

그래서 호주와 뉴질랜드 두 나라에서 동시 캠페인을 열게 되었다. 호주에서는 2017년 9월 18일부터 10월 15일까지 4주 동안, 뉴질랜드에서는 6주 동안 복음광고를 올렸다.

전 국민의 70~80% 이상이 기독교인이라는 통계에도 불구하고, 이미 동성 결혼이 합법화된 두 나라였다. 교회가 술집으로 바뀌는 일도 허다했고, 1년 동안에만 천여 건의 동성 결혼이 이루어지고 있었다. 우리가 캠페인을 열었던 시기는 호주에 동성애 찬반 투표가 진행 중이던 때이기도 했다. 현지 성도님들이 오히려 우리에게 "어떻게 이렇게 중요한 시기에 오셨나요?"라며 반문했다. 하나님의 긴급한 초청임이 분명했다. 주님은 동성애 퍼레이드가 열리는 거리를 성도들이 예수님을 전하는 길로 바꾸기를 바라셨던 것 같았다.

우리는 호주와 뉴질랜드에서 유동인구가 가장 많은 곳의 광고 매체를 택해 '우리가 웃을 수 있는 이유'(The reason we can smile!)라는 복음광고를 올렸다. 예수 구원의 바른 복음이 전해지길 간절히 바랐다. 기도에 대한 응답이었을까. 광고가 오르던 날 시작된 시드니와 오클랜드에서의 연합 거리전도는 성황리에 이루어졌다. 거리전도가 그렇게까지 뜨거웠던 데는 시드니한인교회교역자협의회(이하 시교협)와 오클랜드 한인교회협의회의 적극적인 협조와 참여가 있어서였다. 전도지가 모자라기까지 했다.

전도지가 부족하다는 말은 처음 들어 보는 얘기라 당혹스러웠다. 그러나 그 소식은 곧 기쁨으로 다가왔다. 넉넉히 준비한 전도지가 부족할 만큼 전도하러 나온 무리가 많다는 뜻이 아닌가. 이 놀랍고도 감동적인 사연을 동역자들에게 전하자 곳곳에서 후원의 손길이 이어졌다. 불과 사흘 만에 호주 시드니와 뉴질랜드 오클랜드로 전도지를 더 보낼 수 있는 금액이 채워졌다.

이번 캠페인은 오세아니아 현지에서도 처음 경험하는 일이었다. 그동안 누군가 모이자고 해도 20~30명 이상 모여 전도해 본 적이 없었는데, 복음 하나로 수천 명의 한인 성도들이 모여 전도하는 일이 일어났기 때문이었다. 어떤 이는 울먹이며 이렇게 말했다.

"우리가 기도하지 않고 전도하지 않았더니 하나님이 한국에서 복음의전함을 보내셨어요. 복음으로 이곳을 다시 일으키라고. 마약, 동성애, 무신론으로 뒤덮인 이 땅을 다시 깨우는 역할을 감당하라고요."

한인교회들의 전도 열정이 얼마나 뜨거웠던지 오클랜드에서 나눈 다국어 전도지는 무려 11만 5천 장이었다.

오세아니아의 전도에 대한 열정은 이후에도 계속되어 이후 이어질 대한민국 방방곡곡 복음심기까지 계속되었다. 시드니에서는 'It's Okay with Jesus'가 인쇄된 차량용 스티커를 붙여 호주판 방방곡곡 복음심기 캠페인을 진행하기도 했다. 그 중심에는 시드니 예일교회 송상구 목사님과 성도들이 계셨다.

한편으론 영적으로 침체된 대륙이었지만, 한편으론 용광로가 솟듯 뜨거운 성령의 열기가 타오르는 대륙이 바로 오세아니아였다.

★ 사랑으로 이어지는 복음

우리는 오세아니아에 복음광고가 오르는 동안 각 교회를 돌며 간증집회를 열었다. 시교협 목사님들의 요청으로 시작된 일이었다. 복음의전함에 행하신 하나님의

'우리가 웃을 수 있는 이유' 스트릿톡 광고(호주, 뉴질랜드)

일들을 성도들과 공유했다. 그때 나는 세 가지 내용을 중점적으로 말하고 싶었다.

첫째는 복음에 빚진 자라는 사실을 기억하자는 것이었다. 호주에서 어떤 분이 내게 "장로님, 왜 이런 일을 하십니까?"라고 물었는데, 나는 이렇게 답했다. "돈 만 원을 누군가에게 빚졌다 해도 그 빚을 갚는 게 당연한데, 하물며 생명의 빚을 졌다면 뭐라도 해야 하는 거 아니겠어요?"라고.

물론 그 큰 오세아니아 대륙에 조그만 광고판 하나 건다고 해서 세상이 바뀌겠냐고 생각하는 사람들도 있겠지만 나는 작은 한 걸음이 있어야 변화가 시작될 수 있다고 믿는다. 2~3천 명의 한국 교인들이 모여 거리전도를 한다고 해서 하루아침에 그 땅의 영적 혁명이 이루어지는 건 아니겠지만 단단한 바위 같은 세상의 완고함일지라도 우리가 생명의 복음을 던진다면 언젠가는 쪼개지지 않겠는가?

그렇다고 우리가 아무것도 하지 않는 것이 아니라, 뭔가를 시작해야 한다고 믿었다. 모세의 지팡이도 한낱 지팡이에 불과했지만 주님께서 알아봐 주실 때 능력의 지팡이로 사용되었다. 흘낏 보고 지나갈 수 있는 광고판이라 해도 예수님께서 사용하시면 위대한 역사가 펼쳐지는 도구가 됨을 믿으며 그 일에 첫걸음을 내딛는 자가 되자고 말하고 싶었다.

두 번째로, 그 땅에 복음광고가 내려진 이후에도 현지 성도들이 광고를 직접 올리며 전도를 계속 이어가라는 말을 하고 싶었다. 사실 복음의전함이 먼 땅 북아메리카나 태국, 오세아니아까지 가서 광고선교 캠페인을 벌였던 데는 어떤 도움을 받기 위해서가 아니었다. 복음을 전하려는 마음만 있다면, 우리처럼 다양한 방법으로 전도할 수 있다는 것을 알림과 동시에 현지에서도 자체적이고 자발적으로 복음 전하는 일들이 이어지기를 바라는 마음에서였다. 우리가 떠난 뒤에도, 그 지역 그리스도인들이 계속해서 복음광고를 세우고 교회가 연합해 거리전도를 이어가기를 꿈꾸며 우리는 캠페인을 진행했다.

세 번째로, 사랑이란 흘려보내는 것임을 알리고 싶었다. 오세아니아 대륙에 복음광고가 올라갈 수 있었던 이유는 한국의 그리스도인들이 얼굴 한번 본 적 없는 남반구의 잃어버린 영혼들을 위해 기도하며 사랑을 흘려보냈기 때문이었다. 그 간절한 기도가 오세아니아에 복음의 불씨를 지폈다. 내가 사는 땅뿐 아니라 다른 지역의 영혼까지 품고 기도하는 축복을 오세아니아 교회도 누리길 바랐다.

나는 간증집회에서 이렇게 말씀 드렸다. 여러분들이 만약 사랑을 받았다고 여기신다면 다음 복음의전함이 가야 할 항해지인 유럽 대륙으로 여러분들의 사랑을 흘려보내 주시라고. 내가 사는 지역만이 아니라 다른 지역으로도 물질을 흘려보낼 때 그게 진정 주 안에서 하나 된 형제, 자매들의 연합된 모습이 아니겠냐고.

이후 그 바람은 실제로 이루어졌다. 오세아니아 사역을 마치고 유럽에 찾아갔을 때, 호주와 뉴질랜드 형제들은 주님의 사랑을 담아 유럽의 형제들에게 광고 후원금을 보내 주었다. 그다음 복음의전함의 목적지인 남아메리카에서는 유럽의 형

제들이, 그다음 행선지인 아프리카에서는 남아메리카 형제들이 후원금을 보내 주었다.

크든 작든 물질을 모아 다음 대륙에 흘려보내는 일들을 통해 하나님께서는 물질보다 더 귀한 것들을 서로에게 흘려보내게 하셨다. 전 세계 복음화를 향한 우리의 소망과 예수님을 모르는 영혼들을 위한 뜨거운 기도가 그것이었다.

연합 거리전도(호주, 뉴질랜드)

저는 독일 프랑크프루트에 진행되었던 복음광고를 통해 하나님께서 유럽의 많은 분들을 얼마나 사랑하시고, 부르고 계시는지 보게 되었습니다. 예수님을 가장 깊이 사랑하던 유럽에 다시 한번 부흥이 올 것이라고 믿습니다.

- 공민영(CCM 가수)

복음광고 모델을 하며 이 복음광고를 통해서, 유럽에서도 하나님을 믿는 팬들이 생겨나기 시작했습니다. 하나님께 감사하며, 저를 위해 중보기도해주는 팬들을 보면서 참 감동이었습니다. 많은 분들이 하나님의 크고 깊은 사랑을 많이 느끼셨으면 좋겠습니다

- 공민지(가수)

06

다시,
유럽을 깨우다

★ 하늘에서 내려온 복음

어느 날, 새중앙교회 집사님이 급하게 나를 교회로 부르셨다. 소개하고 싶은 분이 있다는 것이었다. 유럽 최대 한인교회인 독일 한마음교회 이찬규 목사님이셨다. 새중앙교회에서 결혼하는 청년의 주례를 위해 교회에 오셨다가 아는 집사님을 만났다고 했다. 신기한 일이자 오래 기다려 온 유럽 캠페인이 시작되는 순간이었다.

이찬규 목사님과의 만남은 매우 인상적이었다. 얼마나 이일을 기뻐하셨는지 미팅 도중에도 캠페인에 대한 소식을 현지에 실시간으로 전달하셨다. 우리의 다음 행선지는 자연스럽게 유럽으로 정해졌다.

복음광고는 유동인구가 하루 100만 명인 유럽의 중심 허브인 독일 프랑크푸르트에 있는 중앙역에 세워졌다. 세계 각지의 사람들이 유럽 전역으로 가기 위해 들르는 철도역이라 복음광고를 내걸고 광고선교 캠페인을 진행하기에 더없이 좋았다. 하지만 프랑크푸르트역은 복음광고를 걸 만한 마땅한 매체가 없었다. 할 수 없이 영어, 독일어, 아랍어로 대형 광고판을 만들어 역에 직접 설치했다. 광고판이 얼마나 컸는지 그냥 지나치지 못하고 꼭 한번은 돌아보게 만드는 규모였다. 하늘에서 내려온 것 같은 광고판은 현지인들의 관심을 끌기에 충분했다. 터번을 쓴 무슬림이 광고판 앞에 서서 문구를 읽더니 기도를 하는 회심의 역사까지 일어났다. 놀라운 일이었다. 수많은 교회가 문을 닫고, 문 닫은 교회는 이슬람 사원이 된다는 유럽에서 복음광고를 보고 무슬림이 회심을 한다는 건 우리 모두에게 놀라운 일이었다. 이 일을 목도하고 나니 유럽 전역에서 동시 거리전도를 진행하기로 한 일에 대한 기대감이 더욱 커졌다.

이전 캠페인들과 달리 유럽 캠페인은 독일을 거점으로 하되 부활주일 전날에는 2018년 3월 31일에 스코틀랜드, 스페인, 크로아티아 등 유럽 전역에서 동시 거리전도를 진행하기로 했다. 세계적인 부흥운동의 시작점이었던 유럽 전역에 다시 복음의 불씨가 재점화되길 바라는 마음으로 한 기획이었다. 우리 예수님이 부활하신 그날만큼은 유럽의 모든 곳에서 예수

그리스도가 진짜 주이시고, 왕이심이 선포되길 바랐다.

⭐ 전도의 300용사

부푼 꿈을 안고 독일에서의 광고선교 캠페인이 시작되었다.

동시에 내 마음 안에선 총 두 번의 거리전도와 마지막 날에 이뤄질 유럽 동시 거리전도가 과연 어떻게 이루어질까에 대한 기대와 염려가 교차했다. 광고선교 캠페인 4차 지역으로 유럽의 독일을 선정해 준비하는 동안 수없이 들었던 우려 섞인 말들도 떠올랐다. 유럽은 개인주의가 강하기 때문에 아무리 한인들이라 해도 모이지 않을 것이라는 예상이었다. 게다가 독일에는 한인교회가 10여 개 밖에 없었다.

거리전도 첫날인 3월 3일엔 아침부터 폭설이 내렸다. 오려던 사람들마저 발걸음을 되돌릴 법한 날씨였다. 오후 2시에 거리전도를 시작하기로 했는데 30분 전까지 현장에 모인 사람이 10명도 채 안되었다. 어렵겠다는 사람들의 우려가 정말 현실이 될 것만 같았다. 그러나 이 모든 것은 기우였다. 약속된 시간이 되자 한두 교회씩 중앙역으로 모이기 시작하더니 기대 이상으로 많은 인파가 복음광고가 내걸린 주변으로 몰려들었다. 우리는 흥분된 마음을 감추지 못한 채 두 팔을 벌려

그들을 반갑게 맞이하며 환호성을 질렀다. 그들을 보니 4차 캠페인을 준비하는 동안, 기드온의 300용사를 독일 땅에 보내 달라고 기도하며 '333운동'을 펼쳤던 일들이 떠올랐다. 한국에서 3천 명이 3만 원의 재정으로 후원하면 3월에 유럽 한복판에서 복음이 펼쳐진다는 메시지를 담은 운동이었다.

그런데 그 바람이 실제가 되었다. 전도 현장에 몰려온 한인들의 숫자가 정말 3백여 명이었다! 몇십 명 모이기도 쉽지 않다는 유럽의 한복판으로 프랑크푸르트 교회협의회 소속 11개 단체에서 300명의 용사가 찾아든 것이다. 그중에는 버스를 4시간이나 타고 온 유학생도 있었고, 얼마 전 남편을 잃고 나서 우연히 본 복음광고를 보며 오열했다는 독일인도 있었다. 자신이 주

독일 프랑크푸르트 중앙역 3면 기둥 광고

는 전도지를 일곱 명이나 받아 줬다며 기뻐하는 아홉 살 어린이도 있었고, 이민목회 중 다 같이 연합해 복음을 전하는 경험은 이번이 처음이라며 눈시울을 붉히는 목사님 내외분도 계셨다.

　2018년 3월 31일 열린 유럽 동시 거리전도도 성황리에 진행되었다. 전도를 끝내고 사진이나 동영상으로 보내온 소식에 의하면, 거리전도 당일 15개국 60여 교회에서 600여 명이 전도에 나선 것으로 집계되었다. 이때 독일을 포함해 유럽 전역에서 소요된 전도지는 무려 13만 부에 달했다. 이미 불이 꺼진 지 오래라는 유럽 교회에 전도의 불씨가 다시 지펴지는 순간이었다. 독일에서 시작된 전도의 열기는 유럽 전역으로 옮겨 붙어 온 대륙을 뜨겁게 불태웠다.

"ESTÁ TUDO BEM COM JESUS!"(예수님과 함께
라면 괜찮아!). 상파울루의 중심, 파울리스타 대로
와 마약촌, 인근 도시에서 브라질 현지교회와 한
인교회 성도들 2천여 명이 같은 옷을 입고 한 목
소리로 소리쳐 외쳤습니다. 브라질에서 단 한 번
도 일어나지 않았던 기적의 순간이었습니다.

- 박종필 선교사(브라질)

07

하나님이
남아메리카를 예비하사

★ 이보다 더 좋을 수 없다

광고선교 캠페인 다섯 번째 지역은 남아메리카대륙 브라질이었다. 우리는 이전처럼 브라질 한인교회와 함께 이 일을 진행할 계획을 세우고 있었다. 그런데 브라질에서 사역하시는 박지웅 선교사님께 뜻밖의 말씀을 듣게 되었다.

"브라질에서는 현지교회와 협력해야 해요. 한인교회도 중요하지만 현지교회가 함께 움직여야 브라질 사람들에게 영향을 미칠 수 있습니다."

아찔했다. 벌써 다섯 번째 캠페인이니 이전과 같은 방식으로 하면 될 것이라 생각한 우리의 오만이었다. 하지만 한인교회도 잘 모르는 우리에게 현지교회와의 협력은 거의 불가능에 가까운 일이었다. 당시 안식년 중이셨던 박 선교사님이 휴가를 반납하고 브라질에 가 우리를 도와주시지 않았다면 이번 캠페인은 처음부터 난항을 겪었을 것이었다.

우리는 박 선교사님의 말씀대로 캠페인의 방향을 다시 잡았다. 한인교회는 물론 현지교회까지 방문해 간증집회를 열고 그들과의 협력 속에 거리전도를 펼치기로 했다.

우리에게는 또 한 분의 든든한 지원군이 있었다. 미국에서 1차 광고선교 캠페인이 펼쳐질 당시 브라질 선교사로 파송받아 떠나신 박종필 선교사님이셨다. 1차 미국 캠페인 진행 당시부터 브라질에서도 이 일이 일어나길 기도하셨던 박 선교사님 부부는 발 벗고 나서서 브라질 한인교회와 복음의전함을 연결하는 역할을 감당해 주셨다.

그 결과, 남아메리카 브라질에서 2019년 10월 1일부터 31일까지 열린 제5차 광고선교 캠페인은 한인교회와 현지교회의 연합으로 진행되었다. 브라질한국인목회자협의회와 한인선교사협의회, 브라질장로교단(IPB), 남미복음신문의 주관 속에 그어떤 캠페인보다도 현지의 필요를 잘 녹여낼 수 있었다.

하지만 브라질에서도 광고 매체가 발목을 잡았다.

"It's Okay with Jesus"라는 광고를 걸기 위해서 계약한 파울리스타 거리 시계탑 광고 매체를 계약했다. 이미 다른 대륙에서 광고 불가 통보를 여러 차례 받은 터라 계약 당시부터 그 부분에 대한 합의를 하고 계약을 진행한 상황이었다. 그런데 일주일 전에 일방적인 계약 파기를 당하고 말았다. 브라질 현지 매체사의 주요 고객사인 시에서 복음 광고를 불편해한다는 게 이유였다. 근거가 없는 계약 파기였다. 담당자는 연락이 두절되었고, 우리는 한국에서 발만 동동 구르고 있을 수 없어 예정보다 일찍 브라질로 떠났다. 박지웅 선교사님은 새로운 광고매체를 찾기 위해 우리와 함께 브라질로 향했다. 등 뒤로 식은땀이 흐르는 상황이었지만 기도하며 발로 뛰는 것 말고는 방법이 없었다.

결국 우리는 숨은 보화 같은 광고 매체를 찾아냈다. 브라질 캠페인을 위해 하나님이 예비해 두신 광고판이었다. 만일 계약이 파기되지 않았다면 생각도 못했을 곳이었다. 하나님은 개인 광고 매체를 운영하는 한 기독교인 대표를 통해 상파울루와 리우데자네이루를 연결하는 상파울루 최대 관문 두트라 고속도로에 가로 12m, 세로 4m 크기의 대형 광고판을 2개나 준비해 두셨다. 상파울루 구아룰류스 국제공항에서 고속도로로 진입하는 초입에 있는 광고판이었다. 하루 평균 2백만 명 이상이 오가는 위치여서 현지인들의 시선을 끌기에 이보다 좋을 수가 없었다.

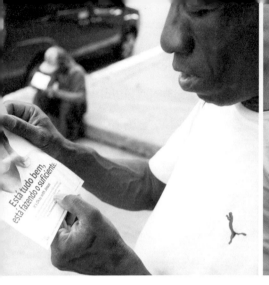

⭐ 우리 모두에게 처음이었던 순간

난생처음 보는 복음광고에 대한 현지 반응도 뜨거웠다. 브라질 현지 교인들은 좀 더 일찍 와서 소개했다면 자신들이 더 많은 사람에게 이 일을 알리며 동참했을 거라고 아쉬워했다. 그리고는 "우리, 파울리스타 대로에 모이자"라는 내용의 글을 직접 SNS에 올리거나 친구들에게 연락하면서, 2019년 10월 6일에 있을 연합 거리전도 집회 참석을 독려했다.

드디어 맞이한 연합 거리전도 당일. 과연 현지인들이 얼마나 모일까 관심을 두며 파울리스타 거리에 먼저 모여 그날

연합 거리전도(브라질 상파울루 파울리스타 대로)

사역을 준비했다. 그러다 우리는 몰려오는 인파에 입을 다물 수가 없었다. 거리전도를 위해 모인 사람들의 숫자가 한인만 500명, 현지인 1500명으로 약 2000명이 넘는 사람들이 파울리스타 거리를 뒤덮었다. 우리는 준비해 간 'It's Okay with Jesus'가 새겨진 흰색 티셔츠를 나눠주었다. 흰옷 입은 주의 백성들이 파울리스타 주변 2km 구간 골목에 가득했다. 포르투갈어로 된 전도지를 들고 예수님을 전하는 그들의 미소 띤 얼굴은 결혼식을 앞둔 신부처럼 빛났다. 그 광경을 보며 브라질교회협회의 회장 목사님은 믿기지 않는다는 듯 이렇게 말씀하셨다.

"장로님, 이 일이 되네요. 정말 되네요."

그간 여러 단체에서 이런 일을 시도해 봤지만 실제로 한인교회의 연합이 이루어진 적은 한 번도 없었다고 한다. 브라질 한인교회뿐 아니라 현지교회까지 연합해 거대한 전도 물결을 이루었다는 사실에 그분은 감격하고 또 감격하셨다.

20만 장이나 되는 전도지를 돌리던 현지인들도 감격에 겨워 "이곳에 성령께서 함께하심을 느꼈다"라고 고백했다.

브라질 광고선교 캠페인이 더 특별하게 다가왔던 건, 그곳이 바로 복음광고가 후속적으로 세워진 첫 대륙으로 남았기 때문이다. 파울리스타에서 대규모 거리전도가 끝나던 날, 나는 용기를 내어 "이제 여러분이 조금씩 힘을 합해 이 광고를 이어 나가 주십시오. 저희가 떠나고 나서 얼마 동안이라도 이 광고가 내려지지 않으면 좋겠습니다"라고 말했다. 브라질 한인교회는, 기업을 운영하시는 분들을 중심으로 광고비를 모아 6개월 동안 복음광고를 올리게 되었다.

감동의 스토리는 여기서 끝이 아니다. 본래 복음의전함에서 브라질에 한 달 동안 올린 광고판은 두 개였다. 그 두 개 중 한 개의 광고판을 한인교회에서 맡아 6개월 동안 복음광고를 올린 것이었다. 그렇다면 나머지 또 하나의 광고판은 어떻게 되었을까? 그 광고판은 우리가 사용했던 광고 매체의 대표이자 현지인인 지오바니(Giovani) 씨가 맡아, 6개월 동안 무상으로 복음광고를 올렸다. 광고선교 캠페인 진행 과정을 보며 감동한 그의 자발적 헌신이었다. 만일 계약이 파기되지 않았다면, 그래서 다른 광고판을 계약하지 않았다면 이 일은 결코 일어나지 않았을 것이다. 그러니 하나님이 모든 것을 인도해 오셨다고 밖에는 할 말이 없다.

현지인들의 힘으로 복음광고가 올라가기를 바랐던 복음의 전함의 꿈도 이루어졌다. 브라질 상파울루에서 처음으로, 그것도 한인사회와 브라질 사회에서 동시에 말이다.

'It's Okay with Jesus' 옥외광고(브라질 두트라 고속도로변)

하나님의 시선이 닿은 남아프리카공화국에서
복음광고와 함께 하나님의 사랑을 나누며 주님
의 말씀이 선포되어지는 모습이 아직도 마음에
큰 감동으로 남아 있습니다. 놀라운 복음의 능력
으로 한 영혼 한 영혼이 주님께 돌아오는 기적의
은혜를 누릴 수 있었습니다.

- 황덕영 목사(새중앙교회)

08

오직 예수만이
아프리카의 주

★ **끝까지 예수님만, 끝끝내 오직 예수님만**

　마지막 여섯 번째 대륙인 아프리카로 떠나는 여정은 당초 2020년 8월 유럽 캠페인을 진행했던 교회와 연합하여 떠나는 일정으로 계획이 되어 있었다. 그러나 주님은 우리에게 계속해서 급하게 움직여야 한다는 사인을 주셨고 최종적으로 2020년 2월에 마지막 캠페인을 열기로 결정했다.

　우리는 타임스퀘어에서 시작해 방콕을 지나 호주와 뉴질랜드, 유럽 전역에서 브라질로 이어진 6대주 광고선교 캠페인의 대장정을 아프리카의 남아프리카공화국(2020년 2월 17일~3월 16일)에서 보내기로 했다. 마지막 지역인 만큼, 캠페인을 먼저 경험한 나라들에게 '남아공 원정대'가 되어 아프리카 전도에 함께 참여하자고도 독려했다. 이에 한국은 물론, 브라질과 유럽 등지의 많은 사람들이 동참을 약속했다. 그 어떤 캠페인보다 특별한 캠페인이 될 것이라는 기대가 있었다.

그런데 2020년 1월, 생각지도 못한 불청객이 찾아왔다. 코로나19라는 사상 초유의 사태가 발발하며 모든 계획에 비상등이 켜졌다. 가는 것이 맞는지부터 고민해야 했다.

오랜 기도 끝에 우리는 아프리카 캠페인을 진행하기로 했다. 코로나19 발생 초기이기도 하고, 아프리카에는 아직 감염 소식이 없었던 때라 가능한 일이었다.

하지만 대규모로 모집한 남아공 원정대는 취소할 수밖에 없었다. 다만 이 일을 위해 자발적인 참여와 기도로 준비해 온 남아공 원정대에게 일방적인 통보를 할 수는 없는 노릇이었다. 결국 우리는 개인의 의사를 존중하기로 했다. 코로나19 사태로 인해 다음을 기약해야 할 분들에게는 참여비를 환불해 드리고 그래도 가겠다는 분들과는 함께하기로 한 것이다.

그렇게 모인 인원이 스무 명 안쪽이었다. 그들은 "그래도 복음의전함 식구들은 가지 않습니까? 그렇다면 우리도 가겠습니다"라며 끝까지 동행에 대한 의지를 꺾지 않은 분들이었다. 새중앙교회 황덕영 담임목사님은 애초에 계획되었던 일정까지 바꿔 가며 우리와 동행하기로 하셨다. 나는 복음의전함 이

사장이지만 새중앙교회 장로였다. 나를 포함한 당회에서는 코로나 상황에서 아프리카에 가는 것은 너무 위험하다며 목사님을 만류했지만 목사님은 "공항에서 입국을 거부한다면 돌아가지만 그렇지 않다면 출발하겠습니다"라며 끝까지 뜻을 굽히지 않으셨다. 게다가 현지 상황상 설교할 시간조차 드릴 수 없었다. 그런데 목사님은 "장로님, 저 전도하러 가고 싶습니다. 설교자가 아니라 전도자로 갑니다"라고 말씀하셨다. 그 말이 내 가슴 깊이 박혔다.

이외에도 새중앙교회 몇몇 교인들, 통역으로 섬기려고 가는 고3 수험생인 나의 둘째 아들과 독일 사역을 할 때부터 함께 갔던 아내도 아프리카행 비행기에 몸을 실었다. 그중 가장 눈에 띄었던 분은 칠십 세를 훌쩍 넘기신 권사님이었다. 힘들지 않겠냐며 걱정하는 우리에게 그분은 이렇게 말씀하셨다.

"걸을 힘이 남아 있을 때 가려고요. 언제 못 걷게 될지 모르잖아요."

그 권사님이 그렇게까지 비장한 마음으로 가서 복음을 전해야 할 땅은 남아프리카공화국이었다. 전 국민의 70%가 기독교인이고, 아프리카에서도 가장 기독교인이 많은 나라 중 하나로 꼽힌다는 그곳에 우리는 왜 목숨을 거는 심정으로 가야만 했을까?

아프리카는 치안 문제가 심각했다. 현지 사정을 아는 사람

들은 모두 치안으로 인해 거리전도가 불가능할 것이라고 했다. 시계 하나만 차고 있어도 타깃이 될 것이라고 했다. 혼자 다니면 안 되니 반드시 둘이 짝을 지어 다녀야 한다는 무서운 이야기가 오갔다. 그런 상황에 우리는 여직원을 홀로 아프리카에 보내야 하는 상황까지 생겼다. 하나님의 보호 속에 안전하게 일정이 진행되긴 했지만 모든 일정이 마무리되기 전까지 한순간도 우리는 마음을 놓을 수 없었다.

아프리카의 경우, 전통적인 조상숭배와 자연숭배를 혼합해 믿는 기독교인들이 대다수였다. 그렇기에 다른 어느 곳보다 바른 복음을 들고 가야 하는 땅이었다. 오죽하면 "남아공에서

'It's Okay with Jesus' 옥외광고 및 거리전도(남아프리카공화국 요하네스버그)

는 교회 다니는 사람들에게도 복음을 다시 전해야 한다"는 말
이 통용되겠는가.

　현지 상황을 알게 된 우리는 아프리카에서 전할 전도지 내
용에 수정을 가했다. 아프리카 캠페인 슬로건을 'It's Okay!
with Jesus'에 'only'를 추가해, 'It's Okay! with only Jesus'(괜찮아!
오직 예수님과 함께라면)로 바꾸었다. 오직 예수 그리스도만이 유일
한 진리라는 복음의 메시지를 담아내려는 노력의 일환이었다.

　광고모델도 새로 발탁했다. 6대주 광고선교 캠페인 최초로
현지인을 등장시킨 것이다. 프리토리아대학교 교수이자 목회
자로서 현지 사회에 선한 영향력을 미치는 샘 도가(Sam Ndoga)

목사님이 그 주인공이었다. 배우 주아름 씨, 가수 박지헌 씨, 샘 도가 목사님이 모델인 세 가지 버전의 전도지를 각각 영어와 줄루어로 제작해 거리전도에 사용했다.

★ 멈추지 말아야 할 이유

광고 매체로는 요하네스버그와 프리토리아 두 곳에 있는 대형 옥외광고를 택했다. 하루 유동인구가 22만 명일 정도로 번화한 곳에 위치한 광고판이었다. 이제 남은 건 연합 거리전도를 어떻게 하느냐였다.

그런데 막상 현지의 한인 선교사님들 한 분 한 분과 연락하며 거리전도를 준비하다 보니 생각지도 못한 어려움에 부딪혔다. 바로, 재정이었다. 아프리카 현지 사람들의 재정은, 그야말로 버스비가 없어서 거리전도에 참여하러 올 수 없을 만큼 열악했다. 우리도 재정이 넉넉한 상황이 아니다 보니 차비까지 제공하면서 이 일에 동참시켜야 하는가에 대해 의견이 찬반으로 나뉘었다. 그런데 우리에게는 재정이 풍족한 사람이 아니라 전도에 대한 갈망이 있는 사람이 더 필요했다. 그리고 사실, 재정 문제만큼 해결하기 쉬운 것도 없지 않은가? 마음이 없는 것이 문제지, 부족한 재정은 채우면 될 일이었다. 그렇게 해서 우리는 버스를 대절하고, 현장에 오고 싶은 분들은 모두 오라는 뜻을 전했다.

준비가 끝나고 드디어 연합 거리전도 당일인 2020년 2월 22일이 되었다. 그런데 전도가 시작되려 하자 비가 억수같이 쏟아졌다. 누구도 선뜻 그 비를 뚫고 거리로 뛰어들어가지 못하는 그때 광장으로 한 무리가 뛰어들어갔다. 아프리카 남동부 스와질랜드에서 4시간에 걸쳐 버스를 타고 온 70명의 학생이었다. 그들은 억수같이 쏟아지는 그 비를 맞으면서도 소리 높여 하나님을 찬양했다. 기쁨이 충만한 얼굴로.

"Let it rain! 하늘의 문을 여소서. 성령의 비가 내리네."

성령의 비를 맞으며 주님을 예배하는 그 아이들을 보자 마음 깊은 곳에서 뜨거운 감동이 솟구쳤다. 차비가 없어서 못 올 뻔한 아이들이었다.

저마다 사연을 안은 아프리카 대륙 현지인들이 연합 거리 전도를 위해 남아프리카공화국의 요하네스버그 랜드버그 센터포인트 광장에 모여 있었다. 'It's Okay with Jesus'가 새겨진 흰색 티셔츠를 입고 전도에 나선 이 역사적인 순간을 하나님이 그냥 보내시지는 않으리라는 확신이 들었다.

내리는 비에 아랑곳하지 않고 춤추며 찬양하는 소녀들의 모습을 하나님께서도 흐뭇하게 바라보고 계셨던 걸까. 쏟아지던 비가 어느새 그치더니, 맑은 햇살이 우리 위로 쏟아져 내렸다. 그 덕분에 우리는 다시 모여 전도를 이어 나갈 수 있었다.

그때 내게 이런 생각이 찾아들었다. '만약 이 학생들마저 건물 안으로 다 피해 버렸다면 비가 멈추든 계속 오든 상관없이, 모였던 사람들 모두가 집으로 돌아가 버리지는 않았을까?'

만약 그랬다면 그 넓은 광장에 단 한 사람도 안 남고 텅 비게 되었을지도 모른다는 생각에 몸서리가 쳐졌다.

비가 그치고 우리는 전도를 시작했다.

역시 아프리카는 열정의 대륙이었다. 얼마나 열심히 전도지를 돌리는지 30여 분이 지나자 물건을 사러 온 사람들은 물론, 그 지역 상인에 이르기까지 모든 사람의 손에 전도지가 한 장씩 들려 있을 정도였다. 이렇게 전도가 즐거웠던 게 얼마만인지 돌아보게 되었다.

하나님은 70명의 학생들을 통해 쉴 새 없이 달려가느라 점점 메말라 가던 내 마음에 다시 한번 복음의 뜨거운 열정을 지펴 주셨다.

아프리카로 달려가 오직 예수님만이 아프리카의 주님이시라는 복음을 다시금 전할 날을 기대하고 있다. 그날에도 우리는 멈추지 않고 "It's Okay with only Jesus"라고 소리 높여 외치지 않을까. 그때 우리는 더 뜨겁고 더 즐겁게 예수님만 전할 것이다.

▶▶ 연합 거리전도(남아프리카공화국 요하네스버그)

▶▶ '그 분은 예수님입니다' 버스 광고(대한민국 방방곡곡 복음심기 캠페인)

우리를 살리는 복음 ,

Alive

경상도 캠페인 당시 해운대에 천 명 이상 모여
거리전도를 했는데, 제가 그 캠페인의 복음광고
모델이라는 게 정말 감사했어요. 남들은 휴가를
오는 그곳에서 천 명의 성도들이 한마음으로 자
신의 삶을 드려 복음을 전하니, 하나님이 얼마나
기쁘셨을까요? 부산을 정말 많이 축복하셨을 것
같아요.

-박지헌(가수)

09

대한민국 연합의 시작, 경상도

★ 망설이거나 기다릴 수 없는 순간

6대주 광고선교 캠페인이 펼쳐지는 동안, 해외에 계신 선교사님과 목사님들로부터 공통적인 말씀을 들었다.

"복음 안에서라면 민족을 초월하고 국경과 교단을 초월해 하나 되는 일이 가능하네요. 이렇게 교회가 연합하는 아름다운 일이 내 조국 대한민국에서도 일어났으면 좋겠습니다."

그 말씀에 나도 고개를 끄덕였다. 조국 대한민국의 복음화를 위해 온 교회가 연합해 전도하는 일이야말로 우리가 오랫동안 꿈꾸며 소망하던 일이었다.

나는 '대한민국을 전도하다'라는 캠페인 계획서를 만들어

가방에 넣고 다녔다. 전국의 중심 도시에 복음광고를 올리고, 모든 교회가 대한민국을 순차적으로 전도하며 복음을 전하자는 내용의 계획서였다.

하나님께서 뜻을 같이할 분을 보내 주시면 이 계획서를 보여 드리고 싶었다. 6대주에서 일어났던 일들이 대한민국의 수도 서울에서 시작되어 전국 7개의 권역을 돌고 마지막엔 평양에서 마무리되기를 꿈꾸었다.

하지만 그 계획서는 1년 동안이나 가방에서 나오지 못했다. '연합전도'라는 말을 꺼낼 때마다 내게 돌아오는 답이 대부분 다음과 같아서였다.

"장로님, 우리나라는 안 돼요."

자기 교회를 홍보하는 일이 아니니 모여서 전도하는 일에 앞장설 교회는 없을 것 같다는 뜻이었다.

그런 답이 들려올 때면 '아, 이분은 아닌가 보다'라고 생각하며 꺼내려던 계획서를 다시 집어넣었다.

그러던 어느 날, 부산의 목회자 세미나에 초대를 받아 부산으로 가던 중 우연히 다음과 같은 말을 듣게 되었다.

"경상도에 있는 두 개의 큰 절에 다니는 불교 신자 수만 합해도 경상도 전체의 기독교인 수보다 많아요. 그래서 경상도 사람들 대부분은 태어나자마자 불교 신자가 됩니다."

경상도는 대형 절이 즐비하고 방학 시즌이면 템플스테이를 하러 온 사람들을 실은 버스가 산을 오르는 장면을 심심찮게 볼 수 있는 곳이었다. 경상도에서의 불교 영향력은 기독교를 훨씬 앞지르고 있었다. 경상도에 아무런 연고도 없는 나였지만, 그 말을 듣자 이상하게도 마음에서 불이 타올랐다. 동시에 '대한민국을 전도하다' 캠페인을 더는 미뤄선 안 된다는 결심이 확고해졌다.

부산지역 목회자 세미나에 가자마자 "목사님들, 경상도는 복음화율이 전국 최저 수준입니다. 그러니 여기 부산에서부터 '대한민국을 전도하다' 캠페인을 시작합시다. 여러분들이 동의해 주시면 저희는 경상도에서부터 복음전도 캠페인을 시작하겠습니다"라고 강력하게 말씀드렸다. 서울에서부터 이 캠페인을 시작하려던 계획을 변경한 제안이었다.

성령께서 주시는 감동이었는지 목회자 세미나에 모인 200여 분의 목사님들은 하나같이 그러자고 하셨다. 전체 복음화율이 10%라는 부산에서, 마침내 '대한민국을 전도하다' 캠페인의 출발 신호가 떨어지는 순간이었다. 복음의전함 직원들은 부산의 16개 구를 다니며 50여 번의 설명회를 진행했다. 이러한 과정 속에 '대한민국을 전도하다' 첫 캠페인인 경상도 편은 2018년 7월 1일 시작되었다.

그해 부산은 복음으로 뜨거웠다

한 달 간 진행되는 부산 캠페인의 복음광고 매체로는 부산역의 대형 와이드 광고와 택시 승차대 한 곳, 또 해운대의 버스정류장 두 곳을 택했다.

하지만 국내 광고 매체 역시 복음광고를 쉬이 허락해 주지 않았다. 그중 사람들이 많이 오가는 부산역에 복음광고를 올리는 데는 여러 어려움이 뒤따랐다. 광고매체사는 수천만 원에 달하는 광고료를 한꺼번에 내야 한다고 요구했고, 이마저도 단 한 건의 민원이라도 있을 시 당장 광고를 내려야 한다고 말했다. 심지어 민원이 들어와 광고를 내릴 시 광고료는 한 푼도 돌려줄 수 없다는 게 계약 조건이었다. 누가 봐도 불공정한 계약이었지만 그것은 불공정 계약이면서도 복음광고를 할 수 있는 유일한 기회였다. 그저 믿음으로 기도할 뿐이었다. 그리고 하나님은 우리의 기도에 응답하셨다. 단 한 건의 민원도 들어오지 않았고 한 달 내내 수천 수만 명이 오가는 부산역 중앙에 대형 복음광고판이 걸려 있었다.

국내에서 첫 연합 동시 거리전도는 부산역 앞에서 시작했다. 그런데 첫 거리전도에 20명 남짓의 사람들만이 자리를 지켰다. 참담한 심정으로 부산기독교총연합회에서 활동 중인 임영문 목사님을 찾아갔다.

"전도지가 이렇게 많은데 겨우 20여 명이 모였습니다. 그중

부산 KTX역사 내 광고(부산광역시)

에는 아기띠를 매고 나온 아기엄마도 있었고, 만삭의 임산부도 있었습니다. 자신의 상황을 생각했다면 이 더운 여름에 아이를 데리고 나올 수 있었을까요? 이분들도 부산을 복음화하겠다고 이렇게 나섰는데 우리가 더 힘을 내어 다 같이 전도를 해야 하지 않을까요?"라며 애통한 심정을 전했다.

그렇게 부산기독교총연합회와 부산성시화운동본부, 부산복음화운동본부, 부산지역 16개 구군 기독교연합회 등이 연합하자 거리전도는 역동적으로 변모하게 되었다. 거리전도 장소 역시 부산역에서 해운대로 옮겨서 진행했다. 이날 해운대에 모인 성도 수는 약 천여 명. 부산 시민뿐 아니라 전국 각지에서 모인 전도의 일꾼들이 해수욕장 곳곳에 흩어져 복음을 전했다. 그날 이후, 7월 10일에는 부산 극동방송의 생중계 속에 부산 전 지역의 동시 거리전도가 성황리에 이루어졌다. 이때 부산 북구에서는 자체적으로 파란색 단체 티를 맞춰 입은 200여 명이 열정적으로 전도에 참여했고, 부산 사하구에서는 복음의전함에서 보낸 2만 부의 전도지가 부족하다는 기분 좋은 소식도 보내왔다. 부산 전역에서 그야말로 폭발적인 복음의 행진이 이어진 것이다.

이후 7월 14일에 영남권 전체에서 동시다발적인 연합 거리전도가 이어지더니 뒤이어 7월 21일에는 해운대 일대에서 대규모 거리전도가 펼쳐졌다. 이를 위해 복음의전함에서는 사전에 경상도 지역 복음화를 위한 기도를 수천 명의 기도 동역자들에게 부탁드리며, 가족여행을 계획하거나 근처에 출장 오실 분들이 있다면 함께 해운대 거리전도에 참여하자고 권유했다. 그러자 실제로 휴가를 얻어 부산까지 찾아와 눈물을 글썽이며 전도하는 사람들이 생겨났다. 습도 90%, 체감 온도 39도의 찜통더위 속에서도 오직 복음을 전하겠다는 열의 하나로 교단과 교파와 지역을 초월해 모인 사람들이 그날만 수백 명에 달했다.

이처럼 거리전도가 진행될수록 전도에 참여하는 인원은 점점 더 많아졌다. 그것은 중요한 한 가지 사실을 보여 주었다. '대한민국을 전도하다' 경상도 편 캠페인을 통해 이 지역 목회자와 평신도들의 가슴에 복음을 전하려는 열정이 뜨겁게 재점화되었다는 사실이다. 한 달간의 캠페인이 끝난 뒤에도 부산 지역 교회가 다시 모여 복음을 전했던 일들은 이와 같은 사실을 반증해 주었다.

캠페인이 진행되면서 감사한 일들이 뒤따랐다. 부산시는 10년 동안 크리스마스 트리 문화축제를 열고 있었다. 그 축제는 매년 천만여 명이 모이는 부산의 큰 행사 중 하나였다. 이 축제의 재정을 부산시에서 지원하다 보니 부산기독교연합회가 주관하는 크리스마스 행사임에도 '예수님'을 언급하거나 '십자가'를 걸면 안되었다. 크리스마스의 주인이신 예수님이 사라진 세상적인 축제였던 것이다. 그런데 이번 캠페인 이후 부산시 교회들의 태도가 완전히 달라졌다.

"우리가 이 행사를 안 하면 안 했지 십자가를 걸지 않고서는 이 일을 하지 않겠다. 예배를 드리자"며 10년을 이어온 축제 문화를 완전히 바꿔 버렸다. 이를 계기로 크리스마스 축제는 예배로 드려졌고, 천여 명이 메인 광장에 모여 주님을 찬양했다. '크리스마스트리 문화축제'가 '제1회 성탄절 전도 대회'로 변하는 순간이었다.

우리는 기쁜 마음으로 10만 장의 크리스마스 특별판 전도지를 제작해 경상도에 보냈다. 그리스도인들마저 십자가와 예수가 없으니 구경만 하고 끝나던 크리스마스 축제가 핫팩과

전도지를 들고 우리를 위해 오신 예수님, 복음의 기쁜 소식을 전하는 전도의 현장으로 탈바꿈했다.

★ 복음의 불은 옮겨 붙는다

국내 첫 사역이었던 만큼, 부산에서 광고선교 캠페인이 펼쳐지는 동안 여러 영적 도전들이 찾아왔다. 순간순간 '이 사역을 계속할 수 있을까?'라는 회의가 들 정도로 힘든 시간이었다. 이런 마음을 아셨는지 하나님은 우리를 위로하는 큰 선물을 예비해 두셨다.

경상도 캠페인이 도화선이 되어 옆 도시인 김해가 자체적으로 복음광고를 걸고 연합 거리전도까지 진행한 일이었다.

나는 김해에서 그런 일이 펼쳐지리라곤 꿈에도 몰랐다. 부산지역 목회자 세미나에서 '대한민국을 전도하다' 캠페인을 목사님들에게 소개할 때만 해도, 김해지역 목사님들이 그 자리에 계시다는 사실조차 알지 못했다. 그분들은 세미나 후에 나를 찾아오시더니 다음처럼 말씀하셨다.

"김해에서도 '대한민국을 전도하다' 캠페인을 열 수 있을까요? 김해는 남한에서 최초로 조선인이 교회를 세운 곳일 만큼 영적인 역사가 깊은 곳이지만 지금은 무당집이 난무하고 이단 종파가 영혼들을 흔들고 있습니다."

김해지역 목사님들의 눈빛에는 영혼 구원을 향한 진심 어린 갈망이 담겨 있었다. 그 때문에 나는, 7월 7일에 부산역에서 열리는 부산지역 1차 거리전도에 참여한 뒤, 다음날 김해에서 열리는 연합집회를 위해 한달음에 김해로 달려갔다. 실제로 김해 거리를 걸어 보니 각종 우상과 미신이 거리를 집어 삼킨 듯했다.

반면, 온 교회가 연합해 한 교회에서 오후예배를 드리며 우리를 기다리는 김해교회의 모습은 어느 지역보다 인상적으로 다가왔다. 그들은 광교선교 캠페인이 김해에서도 열리기를 한마음으로 염원했다.

감사한 일이었다. 하지만 당시 복음의전함은 6대주 광고선교 캠페인을 한창 진행하던 때였다. 동시에 '대한민국을 전도하다' 경상도 편을 이미 시작한 터라, 같은 경상도 내의 김해지역에서 또 캠페인을 할 수가 없었다.

그러자 김해지역 200개 교회는 자체적으로 그 일을 추진하기로 뜻을 모았다. 온 교회가 힘을 합쳐 복음광고를 올리고 전도지 10만 장을 만들 재원을 준비했다. 큰 교회에서는 작은 교회를 섬기는 마음으로 더 많은 비용을 냈고, 전도지를 200개 교회가 똑같이 500장씩 나누는 아름다운 모습을 보였다. 이로써 김해지역은 자체적으로 광고선교 캠페인을 펼친 대한민국의 첫 도시가 되었다.

▶▶ 연합 거리전도(김해시 거북공원)

그 모든 게 감동이었다. 특히나 첫 연합 거리전도 당일의 광경은 지금도 잊을 수가 없다. 비가 추적추적 내리던 그 날, 그 작은 도시에서 '오직 예수', '오직 복음'을 전하겠다고 모인 그리스도인들이 무려 천 명에 달했다. 이를 시작으로 김해지역의 교회들은 매주 토요일마다 복음을 전하기로 뜻을 모으더니 이후 6개월 동안 거리전도를 지속했다.

또 그 날부터 3개월 동안 김해시에서는 '우리가 웃을 수 있는 이유'라는 제목의 복음광고가 걸린 20여 대의 택시를 시내 곳곳에서 볼 수 있었다. 이 일 역시 김해시 기독교연합회에서 자발적으로 기획하고 힘을 모아 이룬 성과였다.

궂은 날씨였지만 전도지를 전하는 사람들의 얼굴은 누구보다 밝고 친절했으며 사랑스러웠다. 교회마다 버스를 대절해 모였음에도, 어느 한 사람 자신들이 섬기는 교회나 목회자를 알리려 애쓰지도 않았다. 그들이 한마음으로 전하려는 분은 오직 예수였고, 그들이 사람들에게 전하려는 소식은 오직 복음이었다.

교회가 연합하여 자체적으로 복음광고를 집행하고 하나 되어 전도하는 김해시의 그런 모습은 복음의전함이 오래도록 꿈꿔 왔던 일이었다. 그런 면에서 김해교회의 연합은 그 자체로 우리에게 회복을 안겨 주었다.

나는 그런 일들이 세계 최고로 잘산다는 미국이나 유럽, 우리나라의 서울이나 부산에서가 아니라 아무도 생각지 못했던 남해의 조그만 도시 김해에서 일어났다는 게 더 충격이었다. 하나님께서 기뻐하시는 일은 대단한 사람이 아니라 예수님을 사랑하는 지극히 겸손한 심령을 통해 이루어짐을 확인한 시간이었다.

그래서 "우리나라는 희망이 없다, 더구나 한국교회는 모두 개교회 이기주의에 젖어 절대로 연합하지 않는다"는 말을 들을 때마다, "아니다, 한국교회에는 희망이 있다"라고 자신 있게 말할 수 있게 되었다. 하나님께서 대한민국을 얼마나 사랑하시는지, 이름도 없이 빛도 없이 살아가는 이 땅의 그리스도인들을 얼마나 사랑하고 아끼시는지, 그들을 통해 하나님의 일을 얼마나 멋지게 이루시는지 내가 보고 확인했노라 말할 수 있게 되었다.

제 고향이 전라도예요. 그런 제가 전라도 캠페인의 모델이 될 수 있었다는 게 너무 감사했어요. 유스퀘어 터미널과 송정역에 제 사진이 걸린 걸 보고, 많은 사람들이 '아, 저 여자가 하나님을 믿고 있구나' 알게 됐을 것 같아요. 저는 그분들께 "제가 믿는 하나님, 여러분도 같이 믿었으면 좋겠어요"라고 말하고 싶었어요. 우리 예수님은 너무 좋으신 분이시니까요.

- 김지선(개그우먼)

5.18 민주화 항쟁과 관련된 <아들의 이름으로>라는 영화를 찍으러 광주에 갔었어요. 그곳의 역사적 아픔을 마주하면서 제가 복음광고 모델로서 광주를 위로하고 그들에게 하나님의 큰 사랑과 계획이 있음을 전할 수 있음이 감사했던 것 같습니다.

- 윤유선(배우)

10

준비된 땅,
전라도

★ 하나님의 신호에 순종하면서

'대한민국을 전도하다' 2차 캠페인은 전라도, 그중에서도 빛고을 광주에서 하기로 했다. 광주지역 캠페인 준비에 앞서 우리는 다음과 같은 기도를 드리며 하나님을 찾았다.

"하나님, 어차피 저희가 할 수 있는 건 아무것도 없습니다. 아시지 않습니까? 한번 캠페인을 했다고 해서 다음 지역 캠페인이 저절로 이루어지는 게 아니라는 것을요. 이번에도 하나님께서 사람을 붙여 주시고 준비해 주셔야 가능합니다. 그렇지 않으면 저희는 정말 아무것도 못 합니다. 주님 계획을 알려 주신다면 최선을 다해 순종하고 싶습니다."

그런 고백을 하나님께서도 기쁘게 받으신 것일까. 기도한 지 얼마 지나지 않아 하나님께선 그분의 뜻을 선명하게 보여 주셨다. 우리가 먼저 전라도에 가기도 전에 광주지역 목회자들이 자체적으로 신문광고를 내며 모임을 주선하고 우리를 초청해 주신 것이 그 증거였다. 이를 통해 복음의전함은 광주지역 목사님들과 광고선교 캠페인에 대한 결의를 다지며 '대한민국을 전도하다' 프로젝트를 발 빠르게 시작할 수 있었다.

전라도에서의 복음광고는 유동인구가 많은 광주 송정역과 광주터미널 유스퀘어 내 사각기둥, 문화전당역 버스정류장 등의 세 곳에 세워졌다.

    가장 중요한 연합 거리전도도 2018년 11월 10일에 전체 동시 거리전도로, 11월 25일에는 각 구에서 동시 거리전도로 이루어졌다. 이때 우리는, 전라도 지역 교회뿐 아니라 다른 지역 성도들까지 광주에 모여 다 함께 복음을 전하게 해 달라는 기도를 드리며 이 캠페인을 준비해 나갔다. 하나님께서 주신 이 복음 전파의 사역이 전라도만의 이야기가 아니라 우리 모두의 이야기가 되기를 바라는 마음에서였다. 만약 그렇게 된다면 광주에서 펼쳐지는 거리전도는 전라도만의 연합이 아닌 대한민국의 연합이 될 터였다.

유스퀘어 터미널 내 광고(광주광역시)

★ 기도는 땅에 떨어지지 않는다

과연 연합 거리전도 당일이 되자 그와 같은 우리의 기도가 땅에 떨어지지 않았음을 확인할 수 있었다. 거리전도 현장으로 전라도 전역의 교회뿐 아니라 부산, 전주, 수원 등지의 그리스도인들까지 모여든 것이다. 그중에는 부산지역 캠페인의 해운대 거리전도에 참여했던 안산의 한 일가족도 있었고, 온누리교회 맞춤전도집회 시간에 복음의전함 사역을 듣고 찾아오신 아산의 어느 목사님도 있었다. 이분은 특히, 그렇게 찾아온 광주 땅에서 평생 잊을 수 없는 경험도 하게 되었다.

목사님은 그날, 전도지를 들고 다니다 마흔 살가량 되어 보이는 한 맹인을 만났다고 한다. 목사님으로부터 예수 그리스도의 죽음과 부활로 인한 죄 사함과 구원의 은혜를 전해 들은 그는, 목사님에게 "평소 궁금했지만, 오늘에서야 예수 복음을 처음 듣게 되었다"는 말을 전했다. 아픈 이를 지나치지 못하셨던 우리 예수님의 마음이 느껴졌다. 그리고 그분은 그날 영적으로 눈을 뜨게 되셨다. 예수님을 영접하고 주변 교회에 나가시며 신앙생활을 시작하게 된 것이다.

뉴질랜드에서 온 청년도 있었다. 그는 그 전해 10월에 열렸던 6대주 광고선교 캠페인 오세아니아 편에 참석했던 유학생이었다. 방학을 맞아 광주에 왔다가 거리전도 소식을 전해 들고 우리에게 직접 참여 의사를 밝혀 온 것이었다. "안 그래도 뉴질랜드에서 한국으로 오는 비행기에서부터 '어떻게 해야 대한민국에서 복음을 전할 수 있을까?'를 고민했었는데 광주에 와서 이런 소식을 듣게 되어 기쁘다"라는 청년의 말이 인상적이었다. 우리가 전라도 광주에서 광고선교 캠페인을 준비하는 동안, 성령께서는 이미 복음 전할 사람들의 마음까지도 준비시키셨음을 보여 주는 대목이었다.

이처럼 하나님께서 친히 준비하신 일이었기에 그 결실 또한 풍성했다. 연합 거리전도 당일, 전도폭발팀과 함께 생방송으로 이 일에 참여하며 복음에 관심을 보이는 이들에게 상담해 주고 건강한 교회로 연결해 주는 일까지 도맡아 준 광주 극동방송의 보고가 이를 알려 주었다. 방송사 통계에 의하면, 연합 거리전도가 진행되었던 이틀 동안 이 캠페인뿐 아니라 여러 다른 경로를 통해 예수님을 믿기로 한 결신자 수만 500명에 가까웠다. 2600명의 참여 인원이 전도지 30만 장을 나누며 복음을 전한 일이 헛되지 않았음을 보여 주는 통계였다. 경상도 캠페인의 결신자 수와 비슷한 수치였다.

전라도는 캠페인이 끝난 뒤에도 그 지역 교회가 힘을 모아 광주터미널 유스퀘어 내 사각기둥에 복음광고를 올렸다. 국내에서는 최초로 후속 복음광고가 빛고을 광주에서 집행되었다.

이런 일들이 광주뿐 아니라 대한민국 전역에서 일어나기를 소망하는 마음이 더 커졌다. "우리 동네에는 언제 복음광고 세워 줄 거냐?"고 묻던 전라도 고흥에 사는 할머니의 바람에 대해 다른 지역에 사는 누군가가 소리 없이 답해 주기를, 또 다른 시골 동네에는 도시에 사는 또 다른 누군가가 답해 주며 대한민국 전역이 복음화되기를 다시 한번 꿈꾸게 되었다.

5·18광장 인근 버스쉘터 광고(광주광역시)

2019년 6월, 한 달 동안 제주도의 400여 교회
에 복음광고를 설치했어요. 제주도민이 70만 명
인데, 한 달 동안 전도지를 60만 장 나눠줬습니
다. 제주 선교 역사상 전례 없는 전도 캠페인이
었습니다. 그래서 해마다 6월이 되면 복음의전
함과 함께했던 캠페인을 생각하며 제주 선교에
대한 열정이 불타오릅니다.

- 박명일 목사(제주 국제순복음교회)

11

모두가 사랑한 선교지, 제주도

★ 상처가 있는 곳에 은혜가 더하다

경상도, 전라도에 이어 '대한민국을 전도하다' 3차 캠페인은 제주에서 열렸다. 기간은 2019년 6월 1일부터 한 달간이었다.

캠페인을 위해 제주지역을 조사하던 우리는 제주도 영혼에 대한 마음이 깊어져 갔다. 외형적으로 사무치게 아름다운 땅 제주의 이면에 감춰진, 아프고도 고통스러운 역사의 상흔을 보게 된 까닭이었다. 제주는 특히 특유의 섬 문화로 인해 복음에 대해 매우 배타적이어서 제주 원주민 대부분은 1만 8천여 신을 모신 채 살아가고 있었다. 그런 제주 땅에 하나님의 사랑을 들고 가려면 어떤 전략이 필요할지도 많이 고민하며 기도를 모아야 했다.

그런 마음을 안고 이번에는 특별히 복음의전함 전 직원이 제주도에 내려가 이 사역을 준비했다. 감사한 것은 우리가 제주에 가기 1년 전에 열렸던 '엑스플로(EXPLO) 2018 제주선교대회'가 굳게 닫혔던 제주 도민들의 마음 문을 열어 주었다는 사실이었다.

두 손 들어 우리를 맞이해 준 제주지역 목회자들은 엑스플로 대회를 언급하며, 그때 지펴진 복음의 불씨가 2019년도 '대한민국을 전도하다' 캠페인을 통해 제주도 전역으로 확장되길 바란다는 소망을 전하셨다.

"엑스플로 2018을 진행하면서 하나님께 매년 어떤 모양으로든 복음화 운동을 진행하겠다 했는데 잊고 있었네요. 그런데 복음의전함이 1년 만에 찾아온 걸 보면 하나님은 그 약속을 기억하고 계셨나 봐요."

제주도는 제주성시화운동을 주축으로 이미 2개 지역 협의회가 하나로 연합하고 있었다. 제주지역 교회의 단결된 모습은 매우 고무적이었다. 여호와이레 하나님께서 정확히 그 시기에 제주 땅에서 캠페인이 열릴 수 있도록 모든 걸 준비해 놓으셨다는 느낌마저 받았다. 이제 우리는 힘을 모아 캠페인을 힘차게 준비해 나가면 될 일이었다.

그러나 이상하게도 그때부터 생각지도 못했던 공격들이 개인과 단체에 들어오면서 서로의 마음이 뿔뿔이 흩어지는 일들이 발생했다. 복음을 전하려는 땅에서 일어나는 영적 훼방이었다. 뜻을 모아 시작하기만 하면 복음의 불길이 전역으로 번질 것 같던 제주 땅에서 알 수 없는 갈등과 미묘한 분열의 조짐이 보이기 시작했다.

그러한 상황에서 1, 2차 캠페인이 열렸던 경상도와 전라도 지역의 목사님들이 전도지 10만 장과 1천만 원의 후원금을 들고 제주도로 찾아오셨다. 제주 성도들은 광주와 부산에서 제주지역 복음화를 위해 직접 찾아와 은혜를 나누는 목사님들의 순수한 사랑에 감동했다.

지역을 초월한 그와 같은 섬김은 우리 모두를 깨어나게 했다. 캠페인을 미리 경험한 두 지역 목사님들의 간증을 듣다 보니, 그간에 찾아든 어려움이 지역 복음화를 방해하려는 영적 공격이었음을 인식하게 된 것이다. 우리가 해야 할 하나님의 사역과 적의 계략까지 알게 되자 그때부터는 어떤 어려움이 찾아와도 문제 되지 않았다. 오히려 갈등이 생기거나 어려움이 찾아들수록 원망이나 분열 대신, 누군가가 더 헌신하고 더 섬기는 일이 많아지면서 제주 복음화를 향한 캠페인은 가열차게 불이 붙었다.

★ 거룩한 섬, 제주도

　　　　제주도 캠페인에는 463개 교회 중 420개 교
회가 참여했다. 그리고 전 교회가 복음광고판이 되었다. 오
래도록 우상을 숭배하던 제주도 섬 전체가 예수를 예배하
는 거룩한 성전이 되었다.

　　교회 외벽을 채운 복음광고에는 '괜찮아 시리즈'(It's Okay with
Jesus)를 담았다. 질곡의 역사 속에서 상처와 아픔을 간직한 제
주 도민들에게 예수님의 치유와 사랑의 메시지가 전해지도록
'괜찮아, 흔들려도', '괜찮아, 잘했어', '괜찮아, 다 알아', '괜찮
아, 충분해', '괜찮아, 넘어져도' 등 5가지 버전의 내용을 전했다.

　　제주에서만 등장한 또 다른 광고 매체는 버스였다. 우리는
제주에서 60대의 버스에 복음광고를 싣게 되리라곤 상상도

　'It's Okay with Jesus' 버스 광고(제주도)

못 해 봤다. 제주성안교회가 자발적으로 아이디어를 내고 헌신하여 이루어진 일이었다. 이로 인해 캠페인이 열렸던 한 달 동안, 제주 도민들은 제주 시내 어디에서나 버스에 걸린 복음 광고를 보며 하나님의 위로를 접할 수 있었다.

6월 1~2일에 열린 제주지역 연합 거리전도에서는 예수의 이름으로 하나 되어 전도하는 모습을 보여 주었다. 특히 각 교회뿐 아니라, 선교단체까지 연합의 대열을 이루었다. CCC 등 선교단체에서 거리전도와 버스킹 공연을 하며 찬양으로 복음을 전했던 것, 대부분 제주 외 지역에서 온 열방대학 훈련생과 간사 백여 명이 거리전도에 참여한 것은 참된 연합의 진정한 증거였다.

무엇보다 그날 거리전도에 참여하려고 그곳까지 찾아온 많은 이들이 있었다. 말 그대로 대한민국의 선교지에 파송된 '제

제주 성안교회 복음광고

주 원정대'였다. 오직 거리전도를 위해 타 지역에서 찾아온 이들이었다. 성수기에 캠페인을 진행한 까닭에 왕복 항공료는 평소에 배가 넘었다.

"오늘 아침에 부산에서 와서 4시간 있다 부산으로 돌아간다" 라는 어떤 분의 말에 제주 도민 중 한 분은 이렇게 묻기도 했다.

"제주까지 와서 관광도 안 하고 전도만 하다 가려고 오신 거예요? 어떻게 그럴 수가 있어요?"

정말 그런 분들이었다. 두세 시간 전도하기 위해, 그것도 자신이 사는 지역이 아닌 제주지역의 복음화를 위해 그들은 시간을 내고 자비를 들여 제주 땅으로 찾아들었다. 하나님께서 이 캠페인을 친히 주관하고 계시다는 증거였다. 하나님이 아니시면 어느 누가 그들에게서 그런 사랑과 헌신을 끌어낼 수 있겠는가. 제주도는 우리 모두가 사랑하는 섬이었다.

거리전도 현장에는 결신도 아름답게 이루어지고 있었다. 동문시장에서 물건을 파시던 한 할머니는 복음을 전해 들은 뒤 활짝 웃으시며 이렇게 말씀하셨다.

"이런 얘기 전해 들으난 기분이 막 좋은게. 마음도 안정이 되고. 교회 댕기믄 외롭지 않을 거 닮아."

전도지를 받아 든 할머니의 사투리를 듣고 있자니, 10% 미만인 제주 복음화율이 20%가 되길 꿈꾼다는 제주지역 목회자들의 꿈이 이루어질 날이 멀지 않았다는 마음이 들었다. 제주 복음화를 위해 모두가 발 벗고 나섰던 이 연합의 헌신이 앞으로도 계속된다면, 그 열매를 보는 일도 머지않아 이루어지리라는 소망이 우리 가운데 번져 나갔다.

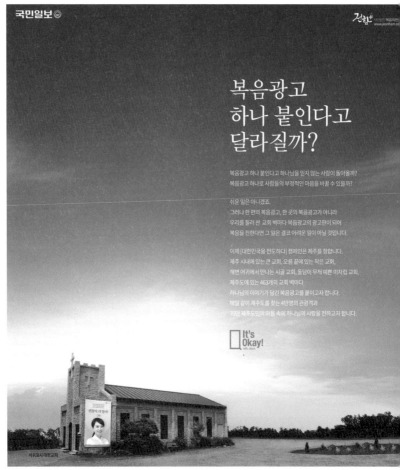

'복음광고 하나 붙인다고 달라질까?' 신문광고

"군대에서 '괜찮아'라는 말을 사용하게 될 줄은 몰랐습니다." 한 용사의 고백입니다. 군 선교캠페인을 통해 선포된 'It's Okay with Jesus'라는 메시지는 보이지 않는 벽 앞에서 좌절할 때, 작은 실수에 마음이 무거울 때, 외로울 때 만나는 큰 위로와 격려였습니다. '누구와 함께 하는가?'가 중요한 군 생활 속에서 60만 장병들은 예수님과 함께하게 되었습니다.

- 김영호 목사(육군훈련소 군종참모 중령)

12

선교하는 이들을
섬기라

★ 하나님의 마음을 전하는 심플(心+) 스토리

"새해 복 많이 받으세요! 스승의 은혜 감사합
니다. 명절 잘 보내세요."

누구나 때가 되면 흔히들 하는 말이지만 '메리 크리스마스'
를 제외하고선 예수님이 담긴 표현은 흔히 찾아볼 수 없다. 어
쩌면 이러한 고민이 심플(心+) 시작이었는지도 모른다. 많은
사람들이 공감하는 키워드 안에 예수님을 넣는다면 비그리스
도인들도 예수님을 편안하게 받아들일 수 있지 않을까 하는
마음이었다.

시대에 맞는 복음광고 콘텐츠 개발이 필요했다. 각 교회와
개인이 효과적으로 전도할 수 있도록 돕는 일이야말로 복음의

전함이 가장 잘할 수 있는 일, 그리고 해야만 하는 일이 아니겠는가? 복음 전파에 어려움을 가지고 살아가는 이 시대 그리스도인이 생활 속에서 심플하게 하나님을 전할 수 있도록 새로운 도구를 제공하고 싶었다.

이를 위해 시작한 것이 하나님의 마음(心)인 십자가를 플러스한다(+)는 의미의 '심플'(心+) 사역이다. 하나님의 마음을 간결한 메시지와 이미지에 담은 복음광고 콘텐츠다. 지금까지 만들어진 심플만 해도 65개(2021년 4월 기준)이니, 벌써 65개월째 이 일을 해 온 셈이다.

심플은 예수님을 믿는 사람들은 전도할 수 있도록 돕고, 믿지 않는 사람들에겐 예수님과 친해지는 계기를 만들어 주기 위해 제작된다.

SNS 시대가 시작되기 전 미디어는 소비자와 생산자가 분명히 나눠져 있었다. 그런데 이제는 모두가 매체를 하나, 둘씩은 가지고 있다. SNS만 해도 모두 프로필 사진을 설정할 수 있고, 언제든 내가 원하는 콘텐츠를 손쉽게 올릴 수 있게 되었다. 일상 속에서 아무런 제약 없이 예수님을 전할 수 있는 시대가 열린 지 오래인 것이다. 지극히 개인적인 영역이라 여겨지는 프로필에 예수님을 담는다면 어떨까? 그리스도인의 정체성이 '예수님께 속한 사람'이라면 우리의 프로필 역시 '예수님'을 나타내는 도구여야 한다. 매일 연락을 주고받는 직장의 동료들이, 가족들이 나의 프로필 사진을 클릭해 메시지를 읽기만

하면 복음이 전해질 수 있게 하는 것이다. 이를 위해 복음의
전함은 매월 1일, 번뜩이는 아이디어와 예수님의 마음을 담은
심플을 복음의전함 웹사이트에 올리고 있다. 카카오톡 프로필
용은 물론 휴대폰 배경화면, 페이스북, PC 바탕화면, 캘린더형
등 다양한 형태로 제작해 무료로 제공한다.

　다른 기독교 콘텐츠와 심플의 차별점은 일상의 언어에 있
다. 심플의 목적은 전도이기 때문에 믿지 않는 사람에게 복음
의 메시지를 전달하는 콘텐츠로 제작된다. 일반 기독교 콘텐
츠는 기성 그리스도인을 기준으로 제작되어 그 표현이 때로는
어렵고 낯선 반면, 심플은 믿지 않는 사람들에게 예수님과 친
해지는 계기를 마련하기 위해 제작되기 때문에 일상의 언어와
삶 속의 공감대를 활용하여 복음의 메시지를 녹여 낸다. 그래
서 복음의전함이 만드는 심플은 쉽고 재미있다. 공감이 있고
위트가 있다. 심플 메시지를 담아 티셔츠와 캘린더, 복음엽서
등을 만들기도 했다.

　심플 외에도 '러블리 마이갓'이란 카카오톡 이모티콘을 제
작하기도 했다. 이모티콘은 일상에서 자주 쓰고 접하며 자신
의 마음을 표현하는 수단이다.

　우리가 이모티콘을 만들던 때는 기독교 이모티콘이 거의 없
던 시절이었다. 예수님을 전하는 이모티콘이 없으니 경쟁력이
있을 것 같았다. 그런데 심의에서 종교적인 단어를 쓰면 안된

24시간, 365일
복음은 언제나 열려있습니다

내 삶의 내비게이션
-주와 동행하면, It's Okay -

다는 말을 듣게 됐다. 이모티콘 하나조차 예수님에 대해 직접적으로 얘기할 수 없다니 안타까웠다.

"교회 가자"라는 단어는 "함께 가자"로 "할렐루야"는 "ㅎㄹㄹㅇ"로 바꿔가며 결국 제작에 성공했다. 이렇게 만든 이모티콘은 무려 10만 개가 판매됐다. 그리스도인들은 전도용으로, 그리고 비그리스도인들에게는 선물 용도로 사용했기 때문이었다. 그리고 우리를 마지막으로 종교 이모티콘의 문이 닫히고 만다. 이 일을 계기로 우리는 불교 신문에까지 기사가 나기도 한다. 이모티콘을 만들려 시도를 했던 불교 측에서 심

아빠 사랑해요 ♡
-하나님은 내 아버지-

내 삶의 매듭
- 예수로 매이면 it's okay -

심플(心⁺) 이미지

의가 통과되지 않자, 불교 신문에 "복음의전함은 되고 우리는 왜 안되냐"는 내용의 기사를 낸 것이었다. 기독교 이모티콘에 대한 내용이 불교계 신문에 등장한 사건이었다. 그렇게 러블리 마이갓은 여러 가지로 특별한 우리의 첫 복음 이모티콘이 되었다.

★ 엽서는 복음을 싣고

지금은 한 사람을 전도하기가 매우 어려운

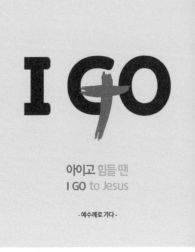

내 삶에 최고의 행운이 찾아왔다
- 예수님의 십자가 -

아이고 힘들 땐
I GO to Jesus

- 예수께로 가다 -

>> 심플(心⁺) 이미지

시대다. 누구든 마음을 열어야 예수님을 받아들일 텐데, 우리가 아무리 입을 열어 복음을 전하려 해도 도무지 귀를 열어 들으려고 하지 않기 때문이다. 복음의전함에서 복음엽서를 만든 건 그런 이유에서였다. 만일 그리스도인이 한 영혼을 품고 기도하며 매달 1장씩 복음이 담긴 엽서에 편지를 써 전달한다면 그때도 그들의 마음이 닫혀 있을까? 한국교회는 부흥할 수밖에 없을 것이다. 매달 마음을 담은 엽서 한 장으로 한 영혼을 섬기는 것만큼 예수님이 기뻐하시는 일도 없을 것이다.

'러블리 마이 갓' 이모티콘

예를 들면 매일 아침저녁으로 마주치는 아파트의 관리 소장님, 택배 아저씨에게 한 달에 한 번씩이라도 예수님의 사랑을 엽서와 함께 나눌 수 있다.

"아저씨 덕분에 저희가 이 겨울을 따뜻하게 보내고 있습니다. 감사한 마음 전하고 싶어 부침개 준비했어요. 오늘도 행복한 날 되세요."

감사 인사를 이렇게 전하더라도, 선물과 엽서를 받아 든 상대방은 엽서의 앞면을 볼 수밖에 없다. 그러면 거기에 적힌 복음 메시지를 읽게 될 테고, 음식을 건넨 마음이 예수님의 사랑에서 비롯된 것임도 알게 된다. 더구나 한 달에 한 번씩 12편의 복음엽서를 1년 동안 받는다면 상대방의 마음은 서서히 예수님께 열릴 수밖에 없다.

식당에서 밥을 먹고 계산할 때도 또 고속도로 톨게이트를 지날 때도 돈과 함께 복음엽서 한 장을 같이 건네 보면 어떨까? 사랑을 전달받은 사람들은 어느 순간에 예수 믿는다는 것에 대해 진지하게 생각하기 시작하게 될 것이다. "예수가 누구길래?", "예수 믿는다는 게 뭐길래?"라는 궁금증을 가지게 한다면 복음엽서의 역할은 충분하다.

복음엽서를 제작한 또 다른 이유는 '보내는 선교사'가 늘어나길 바라는 마음이었다. 선교사 파송국 제2위라는 대한민국이지만 파송한 선교사들을 실질적으로 후원하며 동역하는 보내는 선교사들이 점점 줄어들고 있다. 보내는 선교사가 점점 줄어들다 보니 생활고를 해결하려고 생업 현장에 뛰어드는 파송 선교사님들이 점점 많아지는 실정이다. 그래서 나는 '한국에 보내는 선교사가 많아져 파송한 해외 선교사님들을 더 잘 후원할 수 있다면, 그래서 선교사님들이 복음 전하는 데만 전념할 수 있다면 얼마나 좋을까?'라는 생각을 갖게 되었다. 보내는 선교사가 많아지려면 일단 예수님을 믿는 사람이 많아져야 한다. 그런 면에서 예수님을 먼저 믿은 우리 각자가 한 사람의 이웃을 전도하는 일은 내 교회 부흥을 넘어 선교사님을 돕는 일이고 궁극적으로 세계선교를 앞당기는 일이라 할 수 있다.

우리 모두 이런 마음으로 전도에 힘쓴다면 한국교회에 어떤 일이 벌어질까? 이 땅에 보내는 선교사들이 늘어나고 궁극적으로 하나님 나라가 열방으로 확장되는 일들이 머지않은 미래에 펼쳐지지 않겠는가?

★ 60만 군인을 위한 군선교 캠페인

대한민국의 남자들은 인생의 가장 찬란하다고 할 수 있는 20대에 나라의 부름을 받는다. 그리고 대부분 군대에서 인생의 가장 힘든 시간을 맞는다. 군대에 다녀오면 아이에서 어른으로 성장하는 이유다. 그런데 그 과정에서 많은 청년들이 스스로 목숨을 끊거나 우울증에 시달리지만 사회에 알려지는 일은 너무 적다. 이러한 군인 청년들의 삶에 안타까움을 느낀 대한민국 군종목사단이 2017년 말 우리를 찾아왔다.

"군 생활 중인 청년의 대부분은 우울증과 자살 충동을 비롯한 여러 어려움 속에 놓여 있습니다. 그들을 위해 복음의전함에서 복음광고를 만들어 주십시오. 전국 1004개의 군교회에서 이를 활용해 복음을 전하고 청년들이 일어설 수 있도록 돕겠습니다."

It's Okay!

괜찮아, 충분해!

남들은 다 잘하는데 왜 나는...
이라는 생각이 들 때가 있습니다.
그럼에도 늘 충분히 잘했어!라고 말씀하시는 분이 있습니다.
우리는 그분을 예수님이라 합니다.

▶▶ 'It's Okay with Jesus' 복음광고(엽서)

184

나도 그즈음 큰아들을 군대에 보낸 아버지였다. 군 생활 중인 청년들에게 얼마나 복음이 필요한지, 그때야말로 예수님을 만나야 할 때요, 예수님을 만날 만한 때임을 이미 잘 알고 있었다.

그래서인지 군종목사단의 제의가 꼭 "이게 바로 너희가 해야 할 일이다"라는 하나님의 음성과 같았다.

'예수님이라면 두려움과 염려 속에 놓인 군인들에게 뭐라 하실까?' 생각했다. 그분이시라면 청년들의 등을 따뜻하게 두드리시며 "괜찮다, 괜찮다" 하실 것 같았다. 그렇게 해서 나온 카피가 'It's Okay with Jesus'(예수님과 함께라면 괜찮아)였다.

"두려워하지 말라 내가 너와 함께함이라 놀라지 말라 나는 네 하나님이 됨이라 내가 너를 굳세게 하리라 참으로 너를 도와주리라 참으로 나의 의로운 오른손으로 너를 붙들리라"(사 41:10)는 말씀이야말로 군인들에게 가장 와닿는 성경 구절일 것이다. 이 카피를 통해 그들에게 하나님만이 우리의 방패시고 도움이시라는 메시지를 주고 싶었다.

카피 옆에 있는 네모난 심벌은 군으로 들어가는 문을 상징화했다. 보통, 군대로 들어가는 문이라 하면 단절의 이미지를 떠올리지만, 군 생활을 통해 복음의 두 겹줄 세 겹줄로 묶여 믿음이 더욱 단단해질 수 있다면 이 문이야말로 청년에서 장년으로 이어지는 문이요, 다음 세대로 이어지는 축복의 문이라 할 수 있다. 예수님과 함께하는 이 복된 문을 심벌 안에 그려 넣었다.

그리고 우리는 이것을 12편의 '괜찮아 시리즈' 복음광고로 만들었다. 그중 힘들어하는 군인들에게 반응이 좋았던 몇 가지를 소개한다.

'괜찮아 시리즈' 12편의 복음광고가 완성되자 우리는 먼저 장병들의 마음 문이 예수님께로 열리기를 바라며 기도를 모았다. 그리고 천 명의 군종목사단에게 복음의전함 전도지와 복음 콘텐츠를 전하며 광고 브리핑을 했다.

복음광고에 대한 군 장병들의 반응은 강렬했다. 1만여 명의 군인들이 오산리기도원에 모여 'It's Okay with Jesus'가 새겨진 티셔츠를 입고 기도회를 열었고, 부대가 떠나갈 듯 찬송하며 승리를 다짐하는 모습도 보여 줬다.

뜻밖의 지역에서 피드백도 날아들었다. 온누리교회 집회에서 군선교 캠페인 소식을 들었던 한 장로님이 미국 노스캐롤라이나 82사단에 있는 아들 김주만 대위에게 캠페인 관련 자료를 하나하나 찍어 보냈더니, 그가 우리에게 답장을 보내온 것이었다.

"'대한민국을 전도하다' 캠페인을 통해 군 복음화에도 앞장서시는 복음의전함에 감사드립니다. 저희 대대장님의 적극적인 지원하에 미국에서도 우리 부대를 시작으로 'It's Okay with Jesus' 캠페인에 동참할 것입니다."

전 세계에서 가장 큰 부대 중 하나인 미국 82사단의 한 대위로부터 온 이 영상은 의미심장하게 다가왔다. 그 옛날 미국으로부터 복음을 전해 들은 우리 대한민국이 드디어 빚을 갚는 심정으로 그 복음을 다시 미국으로 파병해야 할 때가 도래했다는 신호처럼 느껴진 것이다.

그 후 나는 어느 선교 집회에 갔다가 한 선교사님에게서 이와 관련된 소식을 듣게 되었다. 선교사님은 미국에서 한국으로 오려고 애틀랜타를 경유하던 중에, 한 군인이 쓴 모자에서 'It's Okay with Jesus' 문구를 봤다며 흥분을 감추지 못하셨다.

그렇게 2018년에 시작된 군선교 캠페인이 온 나라, 전 세계로 번져 나가기를 바라며, 우리는 2019년부터 새로운 접근을 시도했다. 군선교 캠페인의 일환으로 군대에 복음캘린더(탁상용, 벽걸이형) 보내기 운동을 전개했다. 복음의전함에서 복음 메시지를 담은 캘린더를 제작하고, 국민일보와 군종목사단, 군선교연합회가 협력해 1004개의 군교회에 똑같은 복음캘린더를 보내자는 운동이었다.

어떤 이는 청년 장병들을 전도하는 데 왜 하필 캘린더냐고 물을지도 모른다. 군 장병들에게 캘린더는, 하루하루 날짜를 세며 살아가는 그들의 간절한 기다림을 담는 도구라는 점에서 특별하다. 따라서 그들을 격려하고 공감해 주는 예수님의 메시지를 그곳에 새겨 넣는다면, 캘린더야말로 그들의 마음을 예수님께로 열리게 하는 좋은 도구가 될 수 있다.

우리는 여기에 공감하는 많은 후원자와 뜻을 같이하면서, 1004개의 군교회에 각각 200부씩 총 20만 부의 캘린더를 보냈다. 이렇게 제작된 복음캘린더는 육해공군, 해병대, 대대급 교회, 함정, 방공포대 및 관제대대 등에 전달되어 전국의 군교회 안에, 부대 안 생활관 곳곳에, 개인의 탁상 위에 1년 내내 놓이게 되었다.

복음캘린더는 특히 예수님을 믿지 않는 군 장병들에게 좋은 반응을 이끌어 냈다. 교회 소식이 주를 이루는 개교회 달력들과 달리, 예수님의 사랑만을 전하고 있었기 때문이었다.

그런 면에서 우리는 복음캘린더가 군 장병뿐 아니라, 믿지 않는 일반인들에게도 많이 보급되어 누군가의 영혼을 구원하는 일에 쓰이기를 바라고 있다. 복음캘린더 안에는 하나님께서 이처럼 사랑하신 세상을 향한 예수님의 마음이 그들이 알아들을 수 있는 쉬운 언어로 달마다 아로새겨져 있기 때문이다.

★ 섬기고 싶은 기업들

복음의전함이 누군가의 도움 없이 하루도 항해할 수 없는 선교단체이기 때문일까. 열악함 속에서도 하나님 나라를 꿈꾸며 사역하는 선교단체들을 어느 기업이 돕는다는 소식이 들려올 때면, 우리가 직접 받은 게 없는데도 그 기업이 정말 고맙고 귀하게 여겨졌다. 회사를 경영해보았기에 더 그럴 것이다. 기독교적 경영철학을 바탕으로 이윤을 선교에 돌려드리는 기업이 있다면 복음의전함의 달란트로 그 기업을 섬기고 싶었다.

주변에서는 그런 기업으로 본죽을 추천했다. 본죽은 복음의전함과는 전혀 관계가 없는 기업이었다. 평소 죽을 사려고 몇 번 들렀던 곳이라 낯설지 않을 뿐이었다. 죽을 사려고 매장에 가면 주문 후 7~8분 동안은 꼼짝없이 자리에 앉아 기다려야 하는 곳, 그래서 본죽 매장에서는 괜히 메뉴판을 뒤적거리거나 턱을 괴고 앉아 멀뚱멀뚱 벽을 쳐다볼 때가 많았다.

본죽에서 죽을 샀던 일들을 돌아보니 한 가지 아이디어가 떠올랐다. 본죽 기업광고를 매장 벽에 붙이면 고객들이 죽을 사려고 기다리는 동안 심심치 않게 읽을거리가 될 것이라는 발상이었다. 죽 이야기, 회사 경영철학, 중요한 복음 이야기까지 넣는다면 일석이조, 일석삼조의 효과도 얻을 것 같았다.

그런 생각 속에 우리는 본죽 기업광고를 만들기 시작했다. 물론 본죽에는 알리지 않은 채였다.

그러던 어느 날이었다. 캠페인 준비로 한창 바쁘게 움직이고 있는데, 본죽 이사장님이 나를 만나고 싶어 하신다는 연락

본을
따르다

무엇에 문제가 생겼다는 것은
원래 생각한 그 무엇,
원래 지켜야 하는 그 무엇,
원래 따라야 하는 그 무엇에서
벗어나고 있음의 결과입니다.

'근본을 잊지 않고
기본을 지키게 해달라고
기도하는 것'
그것이 하나님이 주신
우리의 영업비밀입니다.

본죽 매장 광고(복음 메시지 광고)

을 받았다.

아무도 모르게 본죽 광고를 만들어 섬기려던 찰나였다. 그런데 회사에서 먼저 연락이 온 것이다. 나는 남몰래 뭔가 하다가 들킨 사람처럼 깜짝 놀라 온몸에 소름이 돋았다.

며칠 후 본죽 본사를 찾아가 최복이 이사장님을 만났다. 이사장님은 온누리교회에 다니셨고, CGNTV를 통해 복음의전함 간증을 들었다고 하셨다. 평소 선교하는 기업으로서 전국 2천 개가 넘는 본죽 매장에 광고를 붙이고 싶었는데 마침 복음의전함 간증을 보며 '저 사람들 같으면 이걸 만들어 낼 수 있겠다'라는 생각에 연락하셨다는 것이다.

하나님께서 하시는 일의 전후를 사람이 어떻게 다 헤아릴 수 있을까. 우린 이미 본죽 기업광고를 12편이나 준비하고 있었다. 그런데 때를 같이해 본죽에서도 그런 광고의 필요성을 느끼며 우리에게 광고를 의뢰해 오다니….

이미 준비 중이었기에 우리는 얼마 뒤 12편의 본죽 광고를 전해 드릴 수 있었다.

광고를 받은 본죽에서는 매우 기뻐하며 광고 제작비를 내려 했다. 그러나 우리는 처음부터 선교하는 기업을 섬기기 위해 이 일을 시작한 터라 그냥 드리겠다는 자세를 고수했다.

"광고비는 안 받으신다고 하니, 그럼 복음의전함에 후원은 해도 되지요?"

하나님은 참 아름답게 일을 이루셨다. 우리는 우리대로 선교하는 기업을 섬기는 사명을 완수하게 하셨고, 섬김을 받은 본죽에서는 광고비가 아닌 후원비를 우리에게 전해 주심으로 우리 가운데 거래가 아닌 아름다운 동역이 이루어지게 하신 것이다.

결과적으로 그때의 그 후원은 우리에게 많은 도움이 되었다. 당시 복음의전함은 재정적으로 어려울 때였다. 모든 선교단체가 그렇듯, 재정적인 상태만 보면 내일을 기약할 수 없는 복음의전함이었지만, 때를 따라 일용할 양식을 보내 주시는

하나님을 날마다 경험했기에 필요하다면 채우실 거라는 믿음이 있었기 때문이다.

그래서 본죽과의 만남은, 단지 우리가 하나님께서 주시는 마음에 순종하여 한 걸음씩 가기만 하면 된다는 것을 다시 한 번 확인시켜 주었다. 전도하는 개개인을 돕고 선교하는 기업을 섬기라는 하나님의 명령에 충성하는 것, 그것이 복음의전함이 가야 할 길이었다.

본죽 매장 광고(복음 메시지 광고)

숨겨진 전도자, 믿음의 영웅들

복음의전함 사역을 하면서 언제가 가장 기뻤냐고 묻는다면 주저함 없이 말한다. 복음광고를 통해 누군가 예수님을 믿었다는 소식이 들려올 때, 그때야말로 어떤 순간과도 비교 불가인 최고의 기쁨을 누리는 때라고.

지난 세월, 하나님께서는 때때로 이런 기쁨을 우리에게 주셔서, 낙심하지 말고 인내로서 경주하면 때가 이르매 거두리라는(갈 6:9) 소망을 갖게 하셨다.

또한 복음의전함의 복음광고를 활용해 전도자로 살아가는 누군가의 소식이 들려올 때도 우리는 동일한 기쁨을 맛보며 소망을 품을 수 있었다. 누구든 자신만을 위해 살고 자신의 이름을 높이기 위해 사는 세상살이에서, 예수님의 이름과 그분의 영광을 위해 사는 삶이 가능하다는 걸 우리는 그들을 통해 확인하는 기쁨을 누렸다.

언제였던가. 어느 집회에서 간증하고 난 뒤, 한 개척교회 목사님이 연락을 주셨다. 복음의전함 사역에 동참하고 싶은데 현실적으로 가능할까 고민하던 중 성도들이 나서서 "우리 교회도 힘을 모아 복음광고를 해 보자"고 했다는 얘기였다. 열 명 남짓 모이는 교인들이지만 선교에 열심인 성도들이라고도 했다. 그런 성도들이 십시일반 재정을 마련해 교회 근처 버스 정류장 두 곳에 1년 동안 복음광고를 내걸었다.

이와 비슷한 일들은 '대한민국을 전도하다' 캠페인을 진행한 뒤 전국 각지에서 조용히 일어나기도 했다. 주로 자신의 사업장을 복음광고판으로 제공하는 일이었다. 비즈니스를 포기하고 예수님을 우선에 두는 일이었기에 재정적 손실까지도 감수해야 하는 일이었다.

'대한민국을 전도하다' 1차 지역이었던 경상도에서는 부산의 새정성약국에서 이런 일을 시작했다. 약국의 입구 좌우에 가로 2m, 세로 3m 크기의 대형 복음광고를 부착한 것이다. 아나운서 최선규 씨와 개그우먼 김지선 씨의 환한 얼굴 아래 '우리가 웃을 수 있는 이유'라는 내용의 복음광고였다.

약국을 운영하는 분은 교회 사모님이었다. 부산지역 캠페인을 통해 남편 임영문 목사님(부산평화교회)이 복음광고 사역을 먼저 접한 뒤 아이디어를 낸 것에 착안, 약국을 홍보하던 자리에 복음광고를 올린 것이었다. 지나가는 사람들의 부정적 시선을 의식했더라면 결코 할 수 없는 행동이었다. 그러나 사모님은 담대히 이런 말씀을 전하셨다. "주님께서 기뻐하시는 일이니까요. 지금도 약국 앞을 휙 지나가다가도 다시 발걸음을 돌려 복음광고를 읽고 사진을 찍는 사람들을 볼 때 너무 감사해요."

또 하나는 성도 한 사람이 자신의 사업을 위해 마련해 둔 광고 매체를 주님께 드린 것이었다. 그 주인공은 부산에서 유명

한 '이진용맘병원'이다. 병원 홍보를 위해 썼던 11군데의 광고 매체에 병원 광고 대신 복음광고를 올렸다. 우리와 평소 아무런 관계도 없었던 그 병원에서, 경상도 지역 캠페인이 진행되는 모습에 감동해 자발적으로 비용을 들여 그 일을 진행한 것이다. 자신에게 가장 귀중한 것들을 드려 예수님을 자랑하는 일에 사용하는 모습은 그 자체로 한국교회에 희망의 메시지가 되어 주었다.

'대한민국을 전도하다' 2차 지역이었던 광주에서도 이와 비슷한 일들이 이어졌다. 인테리어 업체와 토스트 가게를 운영하는 오한열 집사님 부부의 이야기다. 그분들은 평소에도 어떻게 해야 복음광고를 일상에 접목해, 한 영혼을 구원할 수 있을까를 고민하던 분들이었다. 더욱이 오 집사님은 하나님을 멀리 떠난 지 15년 만에 거리에서 우연히 받은 전도지 한 장을 통해 회심한 경험까지 있었다. 성령께서 역사하시면 전도지에 새겨진 한 줄의 문장을 통해서도 예수님을 만날 수 있다는 걸 누구보다 잘 아는 분이었다. 그래서 오 집사님은 복음의 전함의 복음광고 현수막 파일을 다운받아 인쇄해 토스트 가게 전면과 하단 공간에 걸어 놓았다. 또 가게 한쪽에 복음엽서를 비치하고 토스트를 포장해 가는 손님들에게 한 장씩 나눠주기도 했다.

이런 일들에 긍정적 반응만 있었던 것은 아니다. 어떤 이는

"혹시 이 가게 이단 아니냐?"고 묻기도 했고, 토스트 가게에 들어오려다 복음광고를 보고 발길을 돌리는 이도 있었다. 그럼에도 오 집사님은 그런 일들에 개의치 않았다.

"광고를 보고 단 한 분이라도 주님의 사랑을 깨닫게 되고 회심한다면 그걸로 충분합니다. 가게를 차린 이유도, 제가 사는 이유도 예수님을 전하기 위함이잖아요."

복음을 전하겠다는 열정 하나로 오 집사님은 복음광고를 토스트 가게뿐 아니라, 인테리어 업체 차량에도 붙여서 도로와 거리에서도 복음을 전하며 살고 있다. "개인 업무용 차량에 복음광고를 붙이고 나니 마음가짐이 달라지더라"라고 고백하면서 말이다.

대한민국 곳곳에는 빛나는 전도자들이 보석처럼 숨겨져 있다. 지금도 하나님 나라가 확장되고 있다면 이런 분들이 존재하기 때문일 것이다. 그런 면에서 이분들이야말로 이 시대의 진정한 전도자들이요 숨겨진 믿음의 영웅들이라 할 수 있다.

그래서 복음의전함은 복음광고 콘텐츠를 개발하는 일에 더욱 박차를 가하고 있다. 우리 인생의 목적이 예수님을 전하는 데 있음을 알고 자신의 가장 귀한 것을 드려 복음을 전하며 살아가는 한 분 한 분을 도와야 할 사명이 복음의전함에게 이미 주어졌기 때문이다.

코로나19로 만날 수 없고, 복음을 전하기 어렵다 하는 이 비대면 시대에 대한민국 방방곡곡 복음 심기 캠페인을 통해 복음을 전했습니다. 불가능한 상황에서도 기도하며 도전할 수 있는 건 영혼을 향한 갈망 때문임을 압니다. 모든 것을 멈추라 하는 이 시대에도 복음을 전하며 항해하는 군함에 승선할 수 있어 행복했습니다.

- 데이비드 차 선교사(KAM선교회)

13

비대면 시대의
복음전도

★ 그래도 우리는 가야만 한다

2020년 2월, 아프리카를 다녀온 우리는 모든 것을 멈춰야 했다. 예고 없이 찾아온 코로나19의 기세가 멈출 줄 모르고 온 세계를 뒤덮은 까닭이었다. 우리는 마치 태풍을 피해 외딴섬에 정박한 배가 된 것 같았다. 지난 7년간 쉬지 않고 달려오다가 예기치 못한 상황에 급브레이크를 밟은 느낌도 들었다.

그러나 시대는 멈추지 않고 빠른 속도로 악해지고, 세상 문화를 실은 배들도 이때다 싶어 쾌속 질주를 시작했다. 어른 아이 할 것 없이 사람들은 집에 있는 시간이 많아지다 보니 미디어에 몰입했고, 코로나 블루라는 신종 우울감을 호소하기도

했다. 타인에 대한 예민함과 감시가 수위를 넘어설 때도 많았고, 그만큼 저마다의 욕망들이 질주하듯 표출되는 것처럼 보였다. 이런 상황에 복음 전파가 멈춰진다는 건 더 심각한 일이라고 판단되었다. 지금이야말로 복음의전함이 전속력으로 항해해야 할 때였다. 광고는 애초에 비대면 매체가 아닌가. 모든 것이 멈춘 이 시대에도 멈추지 않을 수 있는 무기가 우리에겐 이미 쥐어져 있었다.

다만 달라진 시대의 조류(潮流)를 어떻게 뚫고 항해할 것인가에 대한 지혜가 필요했다. 사람과의 접촉이 필수적이었던 지금까지의 전도법과 달리, 하나님의 마음을 비대면으로 전할 수 있는 길을 찾아 나설 때였다.

그래서 우리는 복음의전함의 시동을 다시 걸었다. 하나님은 복음을 전하는 그 길을 계속 가길 바라실 것 같았다.

그래서 우리는 위기에 빠진 열방과 조국의 교회를 위해 기도하자는 내용의 복음광고를 만들었다. 누구도 향방을 가늠할 수 없는 불안한 시기지만 예수님과 함께라면 이 위기도 충분히 극복할 수 있다는 메시지를 담고 싶었다. 이럴 때일수록 교회가 더욱 기도에 힘쓸 것과, 이 나라가 살리실 주권이 우리 예수님께 있음을 말하고 싶었다.

기독 언론사들은 이 광고를 적극 게재해 주었다. 이 어려운 시대에 예수님이 주시는 위로로 대한민국과 한국교회가 힘내

길 바라는 마음은 모두가 동일했다.

특별히 이번 복음광고는 원하는 이라면 누구나 사용할 수 있도록 열어 두었다. 광고판뿐 아니라 전국의 교회, 개인 사업장, 아파트 게시판에도 붙길 바랐다. 이때 만들어진 광고는 현수막, 배너, 포스터 등으로 제작되어 곳곳에 붙여졌다. 그러자 대한민국을 넘어 전 세계에 이 복음광고를 보급하면 어떻겠냐는 의견이 나왔다. 코로나19는 전 세계 사람 모두에게 어려운 시기였다. 이에 글로벌판 복음광고는 문구를 약간 수정했다. "전 세계가 공황의 어려움에 빠졌을 때도, 전 세계가 전쟁의 소용돌이 속에 빠졌을 때도, 세상을 치유하고 일으켜 세운 힘은 기도였습니다"로 시작하는 카피였다. 이렇게 만들어진 복음광고는 SNS를 무대로 세계를 누볐다. 일명 'SNS 세계 복음광고선교 캠페인'이었다. 오프라인 전도가 막힌 비대면 시대에 온라인에서는 빠른 속도로 예수님의 마음이 퍼져 나갔다.

전 세계적으로 늘어나는 확진자 수에 따라 날로 더해지는 감염에 대한 공포, 사회적 거리두기로 인한 고독감, 무너지는 경제 여파로 인한 미래에 대한 불안감들을 이겨 낼 단 하나의 처방은 예수님이었다. 그분은 고난받을 때 피할 견고한 성이요, 억울한 자들이 피할 요새(시 9:9)가 아니신가. 그 예수님을 SNS 광고를 통해 전하려는 마음으로 영어, 스페인어, 중국어, 일본어, 프랑스어 등 12개 언어로 제작해 전 세계에 보급했다.

It's Okay!

전 세계가 공황의 어려움에 빠졌을 때도,
전 세계가 전쟁의 소용돌이 속에 빠졌을 때도,
세상을 치유하고 일으켜 세운 힘은 기도였습니다.

오늘 우리는
그때의 간절한 마음으로 기도합니다.
COVID-19로 인해
아픔과 공포에 빠져 있는
여러 국가들의 회복을 위해
'늘 괜찮다고' 위로하고 치유하시는 하나님께
두 손 모아 기도합니다.

It's Okay with Jesus!

본 광고는 COVID-19로 인해 어려움을 겪고 있는 전 세계인들을 위해 대한민국 교회와 성도들의 후원과 사)복음의전함의 재능기부로 제작된 광고입니다.

물론 이 일은 동역자들의 헌신적인 참여와 후원 덕분에 이루어졌다.

반응은 신속하고도 뜨거웠다. 복음광고 아래 수만 명의 사람이 "아멘"으로 화답하거나 감사 인사를 전해 왔고, 각 나라 언어로 기도제목을 나누는 일들도 벌어졌다.

전도 환경이 꽉 막힌 이 시대에 하나님께서는 그렇게 또 다른 환경을 열어 주셨다.

★ 코로나 시대의 오프라인 전도법

그러나 코로나19 사태가 지속되면서 고통은 가중되었다. 분열과 아픔의 아우성이 어느 곳에나 만연했고 한국교회는 급작스러운 환경 변화와 침체로 큰 고통을 겪어야 했다.

나 역시도 평안하고 충만한 일상을 한동안 잃어버린 듯했다. 새벽 5시면 일어나 교회에 가서 기도한 뒤 출근하던 일상이 복구되지 못하는 게 큰 원인이었다. 하나님 일을 한다고 하면서, 하나님과 가장 깊이 소통하는 시간을 놓치다 보니 사역을 추진하는 힘이 떨어질 수밖에 없었다.

그래서인지 코로나19 사태가 시작되고 몇 개월 사이, 개인적으로 내 인생의 가장 깊은 골짜기를 걷는 심정이었다. 복음의전함의 항해를 어떻게 해야 할지에 대한 지표도 잡히지 않았고, 혼돈과 낙심의 안개 속에 휩싸인 듯 잠 못 이루는 날이 많았다.

그렇게 뭔가 석연치 않게 걷던 어느 날이었다. 교회에서 하는 온라인 새벽기도회가 그 주간에 잠깐 오프라인으로 전환되었다. 심기일전하려는 자세로 새벽에 일어나 교회로 향했다.

"하나님이여 내 마음이 확정되었고 내 마음이 확정되었사오니 내가 노래하고 내가 찬송하리이다 내 영광아 깰지어다 비파야, 수금아, 깰지어다 내가 새벽을 깨우리로다"(시 57:7~8).

그 새벽, 하나님은 엎드린 내게 새로운 사명을 물 붓듯 부어 주셨다. 복음전도의 길이 사방으로 막힌 이 시대에 복음의 전함이 해야 할 새로운 일, 아니 한국교회 전체가 연합해 복음을 전할 수 있는 길을 그리게 하셨다. 그저 정신 차리러 갔다가 받은 뜻밖의 사역이었지만, 캄캄했던 내 머릿속은 불이 환히 켜지는 것 같았다.

그날 하나님께서 부어 주신 비전은 이 코로나 시대의 대한민국에 복음을 전하는 일이었다. 그동안 우리는 '6대주 광고 선교 캠페인'과 '대한민국을 전도하다' 캠페인을 펼치며, 믿지 않는 사람들에게 비대면으로 복음 메시지를 전할 수 있는 매체가 복음광고임을 거듭 확인해 왔다.

대면 접촉이 제한된 위드(with) 코로나 시대에 오프라인으로 복음을 전할 방법 역시 복음광고였다.

코로나19에도 멈추지 않고 움직이는 게 있었다. 버스와 택시. 게다가 대중교통은 남녀노소 누구나 이용하는 수단 아닌가. 그 새벽에 나는, 전국에서 복음광고가 실린 버스와 택시가 달리는 모습을 그리며 흥분하고 있었다. 이름하여 '대한민국 방방곡곡 복음심기' 캠페인의 밑그림이 그려지는 순간이었다.

버스 광고는 생활 밀착형 매체이자 이동형 매체라는 점에서 파급력을 기대할 만했다. 서울에서 버스 한 대를 1개월 운행할 때의 광고 노출 효과는 어마어마하다. 만약 전국에서 매일 천 대의 버스가 2개월 동안 복음광고를 싣고 달린다면 수많은 사람에게 복음 메시지를 전할 수 있다는 결론에 이르렀다.

더구나 그렇게 복음광고를 접한 사람들에게 정보기술(IT) 선교 플랫폼을 만들어 온라인으로 소통하며 양육 받게 한다면, 이 시대에 맞는 효과적인 대안이 될 수 있을 터였다. 예수님을 모르는 사람이 그 플랫폼에 접속했을 때, 단계별로 성경 양육을 받다가 건강한 지역 교회와 매칭시켜 주는 플랫폼이었다.

모든 게 이때를 위함이라는 생각이 들자 내 심장이 뛰며 주먹을 불끈 쥐게 되었다.

현실만을 놓고 봤을 땐 전혀 실현 불가능한 얘기였다. 그러나 믿음의 눈으로 보면, 우리 힘으로 이룰 수 없는 일이기에 하나님께서 원하신다면 하나님께서 친히 이루실 것이었다.

어느 집회에서든지 나는 항상 이런 말을 해 왔다.

"언젠가는 우리나라 전역에서 동시다발적으로 예수님만을 전하는 일이 일어나지 않겠습니까? 대한민국 전역에서 복음 메시지를 동시에 듣고 예수님께로 그 마음들이 일제히 향하게 되는 일이 일어나지 않겠습니까?"

그런데 그때가 바로 지금일 수 있었다. 지금이야말로 누구에게나 복음이 필요한 때이지만 우리로서는 아무것도 할 수 없는 때가 아닌가? 복음전도의 길이 꽉 막힌 이때야말로, 하나님께서 친히 행하심으로 전국에서 구원의 복된 소식이 동시다발적으로 전해질 때였다.

하나님의 때에 대한 확신이 차오르자 마음 저 밑바닥에서 '과연 할 수 있을까?'라는 의심이 올라왔다.

하나님은 얼마나 좋으신 분이신지 이 의심의 한 자락조차 깨끗하게 해결해 주셨다. 이 질문에 쐐기를 박으시려는 듯 그 다음날 아침에 내게로 다음과 같은 문자가 온 것이다. 그간 전화 통화 한번 해 본 적 없는 어느 기도 후원자가 느닷없이 보내온 문자였다.

"복음의전함과 이사장님을 위해 기도하던 중 오늘 새벽에 하나님께서 주신 말씀이 너무 강하게 다가와서 말씀을 보내드립니다. 이사야서 말씀입니다."

"…내가 나의 모든 기뻐하는 것을 이루리라 하였노라…내가

말하였은즉 반드시 이룰 것이요 계획하였은즉 반드시 시행하
리라"(사 46:10~11).

★ 하나님의 군대를 만나다

그날 새벽 마음에 불이 붙은 나는, 한차례 생
각을 정리한 뒤 제일 먼저 복음의전함 이사진들을 불러 모
았다.

"우리의 새로운 캠페인을 주님이 주셨습니다. 버스 천 대, 택
시 천 대에 복음광고를 싣고 복음을 전하는 '대한민국 방방곡
곡 복음심기' 캠페인입니다."

그러나 잔뜩 흥분한 나와 달리 동료들에게선 반응이 없었
다. 갑작스러운 나의 제안에 곤혹스러워하는 것도 같았다. 예
상 못 한 건 아니었지만 너무 다른 온도 차이에 어색한 분위기
가 흘렀다.

"왜요? 반응이 다들 왜 그래요?"

오히려 이사 중 한 명이 내게 되물었다.

"예산은 어떻게 하려고요? 대한민국 전역에서 한다면 최소한
거점이 30~40개는 될 테고, 한 거점당 5천만 원씩이면 20억 원,
1억 원씩이면 40억 원이에요."

그들이 왜 그런 말을 하는지 알고 있었다. 한 대륙에서 1억

원의 예산을 놓고 광고선교 캠페인을 벌일 때도 후원금이 마련될 때까지 우린 모두 애를 태워야만 했다. 그런데 이 어려운 시기에 그 몇십 배 규모의 캠페인을 펼친다 하니 황당하고 놀랄 수밖에 없었을 것이다. 이사 중 한 명이 다른 제안을 했다.

"한꺼번에 하는 건 무리고요, 서울에서 먼저 시작하고 릴레이로 이어가는 건 어떨까요?"

하지만 내 생각은 단호했다.

"지금 서울만 어려운가요? 온 나라가 코로나19로 전도의 길이 막혀 있습니다. 전도지를 들고 나갈 수도 없고, 온라인으로 예배를 드리니까 지금 당장 교회로 오라고 할 수도 없는 진퇴양난의 상황이에요. 그렇기 때문에 대한민국 전역에서 동시에 복음을 전해야 해요."

코로나19 사태가 시작된 이후 한국교회는 온라인 예배를 드리면서 예배의 회복에 대해서만 강조하느라 전도에 대해서는 입을 굳게 닫고 있었다. 대면 접촉이 금지된 상황이라 전도에 대해 논하기도 어려운 상황이었다. 그렇기에 비대면 광고를 통해서라도 복음전도에 총력을 기울여야 했다. 복음의전함의 복음광고 사역이 한국교회를 위한 활로가 되어야 할 때, 그때가 바로 지금이었다.

그렇다면 재정은 두 번째 문제였다. 게다가 하나님께서는 원하시는 일이라면 누굴 통해서든 무엇을 통해서든 친히 이루시는 분이 아닌가. 우리는 지난 세월, 하나님이 쓰시는 작은 도구가 되어 계속 그 사실을 확인해 왔다. 그러니 우리가 해야할 건, 지금 이때 하나님께서 무얼 원하시는가에 대한 분별과 순종일 뿐이다.

회의를 마치고 캠페인 준비에 돌입하려고 보니, 그동안 이들이 없었다면 아무 일도 못 했을 거라는 생각에 갑자기 코끝이 찡해졌다. 나는 언제나 일을 터트리는 역할만 해 왔지, 보이지 않는 곳에서의 어려운 실무 작업을 하며 사역의 빈틈을 메우는 이들은 동료들이었다.

이번에도 마찬가지였다. 회의를 마치자마자 바쁘게 움직여야 할 사람들은 이들이었다. 누구는 중요한 광고안을 준비해야 했고, 누구는 내부 살림과 직원들을 독려하며 기획안을 짜야 했으며, 또 다른 누군가는 관계를 섬세하고 꼼꼼히 맺으며 모든 외부 일정을 진행해야 했다. 모두가 눈코 뜰 새 없이 바삐 움직여야만 했다. 새로운 광고선교 캠페인에 대한 비전은 내가 받았지만 일은 직원들이 다 해야 했던 것이다. 직원들이 다 한 것인데 정작 그에 대한 감사와 칭찬은 이사장인 내가 다 받고 있었다.

교회에 집회를 나갈 때도 마찬가지다. 집회가 있을 때마다 전국 어디든 미리 가서 세팅하고 확인하는 일은 언제나 직원들이었다. 보이지 않는 자리에서 뒷정리는 물론 기도 동역서

등을 받아 후속 조치를 하는 일도 모두 직원들의 몫이었다.

비대면 시대에 처음으로 이루어질 전국적 규모의 캠페인인 '대한민국 방방곡곡 복음심기'를 준비하는 동안, 이렇게 바삐 움직이는 직원들 한 사람 한 사람에게 고마움과 미안함이 유독 교차되었던 것 같다. 현재 함께 일하는 직원들뿐 아니라 몇 년 동안 애쓰고 수고하다 떠난 직원들에 대해서도 같은 마음이 들었다. '6대주 광고선교 캠페인', '대한민국을 전도하다' 캠페인이 이루어지기까지 보이지 않는 이들의 기도와 수고가 얼마나 많았는지를 하나님은 내게 다시 한번 상기하게 하셨다.

하나님의 사역을 가능케 하는 일차적인 힘은, 우리 동료들과 직원들처럼 자신의 이름을 드러내지 않은 채 주어진 자리에서 묵묵히 수고와 기도의 땀을 흘리는 이들에게 있음을 기억하라 하시는 것 같았다. 하나님의 영광스러운 이름은 이름도 없이 빛도 없이 섬기는 이들로 인해 드러남을 잊지 말고 "너도 끝까지 겸손하게 하나님을 섬기라"고 말씀하시는 것 같았다. 그리고 이들은 하나님이 복음의전함에 보내 주신 하나님 나라의 장교요 전사임이 분명하다.

새로운 길을 개척해 가는 여정을 성공적으로 마칠 수 있었던 것은 보이지 않는 자리에서 누구보다 적극적으로 섬겨 주신 교회와 성도들 덕분이었다. 이번 캠페인은 이전과 규모부터 달랐기에 기도와 동역이 더욱 절실했다.

전쟁이 크면 전리품도 많듯이 전염병과의 전쟁과도 같았던 이 캠페인을 통해 하나님의 군대가 동역자가 되는 전리품을 얻었다. 그중에서도 데이비드 차 선교사가 대표로 있는 KAM 선교회는 최전방에 서서 기도하고 동역한 전우였다. 40일간 월요일부터 금요일까지 평일 기도회를 진행함과 동시에, 유일한 휴일인 토요일까지도 우리에게 내주며 '대한민국 방방곡곡 복음심기 캠페인을 위한 특별기도회'를 함께했다. 나 한 사람은 작은 물방울과 같지만, 함께 모이면 대한민국을 변화시키는 거룩한 폭풍이 될 수 있을 거라며 기도로 응원했다. 있는 힘을 다해 기도의 전쟁을 치른 하나님의 군대 된 성도들을 통해 주님 나라가 확장되었음을 확신한다.

★ 내 지역은 내가 책임진다

지금까지도 그랬지만 앞으로 비대면 시대의 모든 캠페인은 이처럼 많은 이들의 보이지 않는 수고와 힘이 모일 때 가능해질 것이다. 하나님은 어느 유능한 한 사람, 유력한 재력가 한 사람의 힘으로가 아니라 하나님의 자녀로 사는 모든 이들의 연합된 힘으로 일이 이루어지는 걸 보고 싶어 하시기 때문이다.

생각해 보면 그건 당연한 일이다. 우리가 열 명의 자식을 키

대한민국 방방곡곡 복음심기 캠페인 포스터

운다고 했을 때, 그중 잘나가는 자식 한 명만 고가의 선물을 사서 "이거 내가 샀어요"라며 자랑스레 내민다면 그 부모 마음이 어떻겠는가? 정상적인 부모라면 그 기쁨의 자리에서 소외된 자식 생각에 마음이 아플 수밖에 없다. "이거 준비하느라 수고했다"라는 칭찬과 기쁨의 표현을 열 명의 자식 모두에게 보내고 싶은 게 부모 마음일 것이다. 누구는 백만 원을 내고 누구는 천 원을 내더라도 열 명 모두가 마음을 모아 선물을 마련하고는, "이거 우리 모두 다 함께 준비했어요"라고 하는 게 부모에겐 최고의 효도가 된다는 뜻이다. 그리스도인들 모두가 자기 몫만큼 최선을 다해 참여함으로 "하나님, 이거 우리 다 같이 했어요"라고 올려 드리고 싶었다.

2020년 12월부터 두 달 동안, 국민일보와 공동으로 주최하고 전국 각 지역 성시화운동본부를 중심으로 지역 교회들과 협력해 진행된 '대한민국 방방곡곡 복음심기' 캠페인에서도 이와 같은 이야기가 곳곳에서 써졌다.

전국 곳곳에서 간증들이 쏟아지기 시작했다. 복음택시를 탄 손님들은 기사에게 복음에 대해 묻게 되었고, 예수님을 믿지 않는 친구에게 복음광고를 찍어보내며 자연스럽게 복음을 전하는 일이 이어지기도 했다. 종교 광고는 실을 수 없다는 울산, 포항, 부산을 위해 기도하고 있다는 초등학생의 기도는 포항과 부산의 복음버스와 택시로 응답되었다. 그밖에도 '나는 볼 수 없지만 볼 수 있어도 믿지 못하는 사람들을 위해 이 일에 동참하고 싶다'며 캠페인에 함께하고 싶다는 시각장애인 성도도 있었다. 이 시대에 전도할 방법을 가르쳐 달라고 기도하던 중에 '보여 줘라'라는 응답을 받으신 한 권사님을 통해 강원도 동해시는 다른 도시보다 한발 앞서 복음광고를 부착하게 되었다. 일면식 한번 없지만 예수님으로 하나 된 한국 교회 성도들의 동참은 이어졌고, 복음광고를 보고 예수님을 믿기로 했다는 사람들이 나타나기 시작했다.

48개 지역에 2천대의 버스와 택시를 운행하기로 계획했던 일도 57개 지역에 2천대 이상 운행하는 것으로 확장되었다. 수도 서울부터 땅끝마을 해남까지 예수님은 방방곡곡 대한민국의 모든 곳을 다니셨고, 복음의전함이 이미 가지고 있는 것을 분명하게 보게 하셨다.

버스와 택시 광고는 비용이 들어가지만, 우리에게는 무료로 광고를 할 수 있는 교회 차량이라는 광고판이 있었다. 대한민국에는 6만 개의 교회가 있고, 교회 차량이 복음광고를 싣고 달리면 전국 방방곡곡 예수님의 사랑이 퍼지겠다는 기대감이 들었다. 실제로 많은 사람들이 광고를 보고 시선이 머무는 것을 느낀다는 목사님들의 간증이 이어지기도 했다. 많은 수고와 기도가 있었지만 끝끝내 복음광고 허가를 내주지 않았던 울산은 많은 교회가 차량에 복음광고를 붙이는 것으로 더 큰 복음의 물결을 만들어 냈다.

하지만 마음이 있어도 재정적인 어려움 때문에 참여하지 못하는 교회들이 있었다. 6만 교회 중 70~80%가 미자립교회였고, 그중 2만 개 미자립교회에 교회 차량으로 복음을 전하는 일에 동참할 수 있도록 무료로 복음광고 키트를 제공하는 캠페인을 진행하기로 했다. 남쪽 끝 제주부터 최북단 고성까지 전국 교회에 복음광고가 붙기 시작했다.

버스와 택시 2천대보다 훨씬 많은 숫자가 이 일에 참여하며 대한민국 방방곡곡 복음심기는 멈추지 않고 계속되고 있다. 모두가 안 될 것이라 했던 15억 원이 넘는 광고비를 채우는 일도 하나님은 해 주셨고, 전국 어디에서도 부착된 복음광고가 한 장도 땅에 떨어지지 않았다. 하나님은 늘 우리의 예상을 뛰어넘어 더 큰일을 만드시고, 그 일에 우리가 동참하여 상급을 받을 수 있도록 은혜를 주신다. 대한민국 방방곡곡 복음심기 캠페인은 주님의 인도와 이 일에 순종하는 교회들의 협력을 힘입어 성공적으로 막을 내렸다.

자신의 이름이나 영광을 내세우지 않는 수많은 그리스도인의 겸손한 헌신 속에서 이 사역은 꽃이 피고 열매를 맺었다.

그런 점에서 캠페인의 광고모델로 자원한 24명의 연예인이야말로 자신의 옥합을 깨뜨린 사람들이었다. 복음광고를 실은 버스에 자신의 얼굴이 들어갈 때 찾아올 수 있는 상업적인 불이익까지도 감수하지 않았다면, 이분들은 결코 이 일에 동참할 수 없었을 것이다. 가수 공민영, 공민지, 김신의, 류지광, 박지헌, 박종호, 송정미, 엄정화, 자두, 배우 김민희, 김정은, 박시은, 오윤아, 윤유선, 재성, 주아름, 진태현, 추상미, 개그우먼 김지선, 정선희, 조혜련, 개그맨 오지헌, 표인봉, 아나운서 최선규의 참여 자체가 주님께 드리는 향기로운 예물이 되었다.

뉴욕 캠페인부터 함께한 황미나 사진작가는 이번 캠페인에도 변함없이 우리의 든든한 동역자가 되어 주었다. 이번에는 모델이 24명이나 돼서 일이 고되고, 시간을 내기도 쉽지 않을 법한데 항상 기쁨으로 이 일을 감당해 주었다. 조금이라도 비용을 드리려 하면 '저는 이미 하나님께 다 받았습니다'라고 말하며 한사코 거절했다. 그리고 그는 '통일이 돼서 북한에까지 복음광고를 붙이는 그날까지 제가 촬영할게요'라는 뭉클한 말을 남기기도 했다.

또 이 캠페인을 앞두고 협력해 진행된 다니엘연합기도회(운영위원장 김은호 목사)와, 라이트하우스 온라인특별기도회(KAM선교회)는 이 어두운 세상에서 복음전도의 행렬이 앞으로 쭉쭉 뻗어 나갈 수 있게 하는 기반이 되어 주었다.

▶ 전국 57개 지역 버스·택시 광고(대한민국 방방곡곡 복음심기 캠페인)

★ 진정한 완성은 기도를 통해

비대면 시대에 펼쳐질 첫 캠페인의 광고 매체를 대중교통수단으로 한 이유는 분명했다. 일상에서 흔히 접하는 버스와 택시 광고를 스치듯 보다 보면 어느새 머릿속에 각인되는 경우가 많기 때문이다.

그래서 이 매체에 어떤 메시지를 주느냐의 문제를 놓고 우리는 많은 고민을 해야 했다. 시대에 대한 '공감'도 들어가야 하고 하나님이 어떤 분이신지에 대한 정확한 '정보'도 들어가야 하며 그분에 대한 '기대'와 예수를 믿어야 한다는 '설득'도 담아내야 하기 때문이다. 마음 문이 열려야 복음을 받아들인다는 점에서, 위협적인 문구보다는 손을 내미는 듯한 따뜻한 문구로 승부수를 띄우는 게 좋을 것이었다.

당시 우리는, 직접 접촉해 전도할 수 없는 비대면 시대이기에 매체를 통해 전달할 복음 메시지에 대한 고민이 깊을 수밖에 없었다. 그러다 보니 좋은 메시지의 예시들도 수없이 떠올려 보았다.

잘 알려진 얘기지만, 분당을 넘어가는 도로에 세워졌던 문구를 많은 이들은 기억한다. 워낙 사고가 많은 지역이다 보니 그곳에는 항상 사고를 막기 위한 위협적인 경고 메시지들이 등장했었다. 그러나 아무리 강력한 문구를 써 붙여도 사고는 줄지 않았다. 그런데 어느 날인가 이전과는 전혀 다른 문구가 등장해 운전자들의 시선을 사로잡았다.

"속도를 줄이시면 아름다운 분당이 보입니다."

메시지의 힘이란 게 이런 것이었다. 나부터가 그 문구를 보는 순간 나도 모르게 속도를 줄이게 되었으니 말이다. 자연히 그 주변에서의 사고는 눈에 띄게 줄어들었다.

미국 센트럴파크에서 전시되었던 한 광고 문구도 메시지의 힘을 보여 주는 좋은 예다. 당시 보스턴, 뉴욕, 캘거리 등 해외에 거주하는 대한민국 학생들은 화상 채팅을 통해 독도가 우리 땅임을 전 세계에 알리기로 결의한다. 그런데 놀랍게도 그들은 이 민감한 문제에 대해 장황한 설명이나 날 세운 설득의 방법을 택하지 않았다. 우리나라의 여러 아름다운 사진들을 배치한 중간에 독도의 일출 광경을 넣고는, 다음과 같은 문구를 아래에 넣었을 뿐이다.

"대한민국에서 제일 먼저 일출을 볼 수 있는 곳은 독도입니다." 굳이 "독도는 우리 땅"이라고 말하지 않아도, 독도가 당연히 대한민국에 속한 아름다운 땅임을 마음에서 마음으로 공감하며 전하는 메시지였다.

'대한민국 방방곡곡 복음심기' 캠페인에서도 그와 같은 방식으로 복음을 전하고 싶었다.

결국, 우리는 불안과 염려와 두려움 속에 살아가는 이 시대의 사람들에게 공감해 주면서, 이 모든 혼란과 고통으로부터 우리를 지키시는 분이 예수님이심에 대해 다음처럼 메시지를 담아냈다.

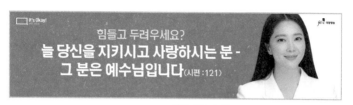

It's Okay!

힘들고 두려우세요?
늘 당신을 지키시고 사랑하시는 분 -
그 분은 예수님입니다(시편:121)

대한민국 방방곡곡 복음심기 캠페인 메시지

　스쳐 지나는 대중교통수단의 광고 문구는 짧아야 한다. 그래서 우리는, 짧은 문구 속에 복음을 완벽하게 다 담아내지 못하는 안타까움을 안은 채 겸손히 기도할 수밖에 없다. 기도하면서 카피를 쓰지만, 쓰고 난 뒤에도 이 문구를 볼 한 영혼의 구원을 위해 계속 기도하는 게 캠페인을 완성하는 핵심이다.

　아마 앞으로도 비대면 시대에 펼쳐질 모든 캠페인에서는 복음 메시지가 중요해지는 만큼, 한 사람 한 사람과의 기도 협력도 더욱 중요해질 수밖에 없을 것이다. 카피가 어떻게 나오든 그 문구를 본 누군가의 마음이 움직여 예수님을 믿기로 결단하는 일은 우리 영역 밖의 일이기 때문이다.

　그래서 하나님은 새로운 시대에 전개되었던 첫 캠페인에서 특정 지역의 특정 사람들이 아닌, 전국 8백만 성도의 연합과 기도를 그토록 강조하셨던 것 같다. 이를 통해, 몰랐던 누군가가 자신을 지키시고 모든 두려움을 거두실 예수님께 마음 문이 열려 그 영혼이 살아나는 걸 보여 주려 하시기 때문이리라.

각자의 역할에 충실한 연합체로

지금까지 많은 광고선교 캠페인을 진행하는 동안 우리는 두 가지 사실 앞에 항상 마주하곤 했다.

첫째는 우리 힘만으로는 어떤 캠페인도 이룰 수 없다는 것이다. 연합해 협력하고 기도하는 일이 절대적으로 중요했다.

둘째는 어떤 곳이든 어떤 사람이든 각자의 역할에 충실해야 한다는 점이다. 복음의전함이 복음의전함으로서의 역할에 충실하게 집중할 때 하나님의 일이 이루어진다는 걸 우리는 매번 경험하곤 했다.

그렇다면 우리가 집중해야 할 복음의전함의 역할이 무엇인가? 이에 답하기 위해 '광고의 역할이 무엇인가?'에 대한 답을 명확하게 찾는 게 필요할 것이다. 나는 가끔 다음과 같은 예를 들어 복음의전함의 역할을 설명하곤 한다.

아파트를 분양하는 신문광고가 있다고 하자. 이때 이 광고를 만든 사람들의 역할은 독자가 이 광고를 보고 분양사무실에 전화를 걸도록 하는 것까지다. 광고를 본 사람들이 분양사무실에 전화를 건다면 광고를 만든 사람은 100% 임무를 완수했다고 볼 수 있다. 분양사무소에서 설명을 듣고 모델하우스를 본 후 아파트 분양에 관한 계약서에 서명까지 하게 하는 일은 또 다른 사람들의 역할이라는 것이다.

그런 면에서 한 사람이 예수님을 영접하고 그리스도의 장성

한 분량으로 성장해 이 땅의 빛과 소금이 되기까지는 수많은 이들의 보이지 않는 역할과 연합이 필요하다.

복음의전함도 그중 한 역할을 부여받았다고 믿는다. 부족한 우리 때문에 예수님이 모욕당하고 오해받는 이 시대에, '어? 하나님은 이런 분이셨나?'라는 정서적 환기와 생각거리를 제공해야 할 책임이 우리에게 있다. 복음광고 문구가 비신자들의 내면을 파고들어 예전에 교회에 나갔을 때의 일도 떠올려 보고, 찬송을 들었을 때 느꼈던 묘한 위로도 추억하면서 강팍해졌던 마음이 조금이라도 기경되도록 돕는 일이다.

물론 복음광고를 보고 곧바로 예수님을 영접하는 분도 더러는 계시지만, 복음의전함의 역할은 광고를 제작해 집행하고 그 광고를 본 누군가가 '교회에 가 볼까?'라는 생각을 하도록 기도하는 것까지라 할 수 있다. 예수를 믿어야 구원에 이른다는 진리를 상대방이 알아듣기 쉬운 그들만의 언어로 들려줌으로써, 예수님에 관한 본질적인 이야기들을 교회에 가서 듣도록 유도하는 일이 복음의전함의 역할이다.

그런 면에서 복음의전함에서 제작하는 광고는 '복음광고'라기보다 '복음으로 가는 광고'라고 표현함이 더 정확하겠다.

늘 변함없이 우리를 사랑하시는 예수님. 그분 앞에 우리 각자가 이런 고백으로 하나 되어 연합한다면 어떤 일이 벌어질까. 한 치 앞을 알 수 없는 포스트 코로나 시대라 할지라도 먼저 부름받은 우리가 각자의 역할에 충실하게 집중하며 온 교회가 하나 되어 복음 전하는 일에 협력한다면, 이 땅 대한민국에도 머지않은 미래에 다시 한번 예수의 물결이 넘실대는, 아무도 기대하지 못했던 새 역사가 펼쳐지지 않겠는가. 복음의전함은 앞으로도 예수님이 다시 오실 날을 준비하기 위한 캠페인을 끊임없이 이어가며 광야에 외치는 자의 소리를 다하려 한다.

"그러므로 너희는 가서 모든 민족을 제자로 삼아 아버지와 아들과 성령의 이름으로 세례를 베풀고 내가 너희에게 분부한 모든 것을 가르쳐 지키게 하라 볼지어다 내가 세상 끝날까지 너희와 항상 함께 있으리라 하시니라"(마 28:19~20).

주님!
여전히 저희가 할 수 있는 것은
아무것도 없습니다

우리가 받아야 할 것이라고 생각하지 않지만 많은 분들로부터 대단하다는 칭찬을 듣게 된다. 하지만 시간이 흐르고 사역이 넓어지고 깊어질수록 여전히 우리가 할 수 있는 일은 아무것도 없다는 것을, 오직 주님의 은혜임을 고백하게 된다.

많은 분들이 복음의전함이 걸어온 많은 일들에 감동과 공감을 보내시는 만큼, 앞으로의 비전과 목표를 궁금해하시기도 한다.

우리는 목자를 따라가는 양일 뿐이다. 양에게 무슨 계획과 방향이 있을까. 단지 목자를 잃어버리지 않고 잘 따라가겠다는 계획뿐이다. 이보다 중요하고 절실한 방향이 또 있을까. 물론 짧은 생각으로 계획도 세우고 준비도 하지만 우리의 계획은 전혀 중요하지 않다는 것을 시간과 사역이 더해 갈수록 더 많이 느끼게 된다.

상상하고 또 그려 본다. 아주 오랜 시간이 흐른 후 사람들은 복음의전함을 어떻게 이야기하고 기억할지 생각해 본다. 엄청난 사역들의 실행, 전도의 새로운 패러다임을 만든, 성공적인 캠페인의 주인공들에게 쏟아지는 명예나 트로피들은 그려지지 않는다. 예수님만 바라보고 오직 예수님만, 오직 복음만을 전했던 충성된 사람들로만 기억되고 싶다.

복음의전함은 그저 심부름꾼으로 남았으면 좋겠다. 우리의 일은 어느 한 사람의 힘으로 되는 것이 아니기 때문이다. 알려지지 않은 작은 선교단체 복음의전함과 함께 손잡고, 이름 없이 빛도 없이 우리와 함께 달려 주신 동역자들이 없었다면 이 일들은 가능하지 않았을 것이다.

언제나 내 인생의 길이요 주인이신 우리 하나님께 감사를 드리고, 예수님을 만난 뒤 하루아침에 다른 삶을 살아가는 남편보다 앞서 기도의 자리에 서는 아내와 사랑하는 두 아들에게 미안함과 사랑의 마음을 전하고 싶다. 가족이야말로 하나님께서 내게 주신 가장 큰 선물이요 이 길을 가게 하는 동력이다.

또한 숱한 나날 동안 기도하며 복음광고 콘텐츠를 만들고, 전하며 달려온 복음의전함 식구들에게 이 지면을 빌려 감사를 전한다. 이 책의 저자는 내가 아니라 그분들이라고 해야 마땅할 것이다.

마지막으로 끝없는 물길을 헤치며 문서선교라는 항해의 길을 먼저 달려가는 두란노에서 이 책을 내게 됨이 참으로 감사하다. 책을 위해 함께 수고해 주신 모든 분을 위해 기도드린다.